創造力的激發

吳靜吉的七十堂創造力短講

吳靜吉——著

《大眾心理學叢書》

出版緣起

王榮文

一九八四年，在當時一般讀者眼中，心理學還不是一個日常生活的閱讀類型，它還只是學院門牆內一個神祕的學科，就在歐威爾立下預言的一九八四年，我們大膽推出《大眾心理學全集》的系列叢書，企圖雄大地編輯各種心理學普及讀物，迄今已出版達二百種。

《大眾心理學全集》的出版，立刻就在臺灣、香港得到旋風式的歡迎，翌年，論者更以「大眾心理學現象」為名，對這個社會反應多所論列。這個閱讀現象，一方面使遠流出版公司後來與大眾心理學有著密不可分的聯結印象，一方面也解釋了臺灣社會在群體生活日趨複雜的背景下，人們如何透過心理學知識掌握發展的自我改良動機。

但十年過去，時代變了，出版任務也變了。儘管心理學的閱讀需求持續不衰，我們仍要虛心探問：今日中文世界讀者所要的心理學書籍，有沒有另一層次的發展？

在我們的想法裡，「大眾心理學」一詞其實包含了兩個內容：一是「心理學」，指出叢書的範圍，但我們採取了更寬廣的解釋，不僅包括西方學術主流的各種心理科學，也包括規範性的東方心性之學。二是「大眾」，我們用它來描述這個叢書的「閱讀介面」，大眾，是一種語調，也是一種承諾

（一種想為「共通讀者」服務的承諾）。

經過十年和二百種書，我們發現這兩個概念經得起考驗，甚至看來加倍清晰。但叢書要打交道的讀者組成變了，叢書內容取擇的理念也變了。

從讀者面來說，如今我們面對的讀者更加廣大、也更加精細（sophisticated）；這個叢書同時要了解高度都市化的香港、日趨多元的臺灣，以及面臨巨大社會衝擊的中國沿海城市，顯然編輯工作是需要梳理更多更細微的層次，以滿足不同的社會情境。

從內容面來說，過去《大眾心理學全集》強調建立「自助諮詢系統」，並揭櫫「每冊都解決一個或幾個你面臨的問題」。如今「實用」這個概念必須有新的態度，一切知識終極都是實用的，而一切實用的卻都是有限的。這個叢書將在未來，使「實用的」能夠與時俱進（update），卻要容納更多「知識的」，使讀者可以在自身得到解決問題的力量。新的承諾因而改寫為「每冊都包含你可以面對一切問題的根本知識」。

在自助諮詢系統的建立，在編輯組織與學界連繫，我們更將求深、求廣，不改初衷。

這些想法，不一定明顯地表現在「新叢書」的外在，但它是編輯人與出版人的內在更新，叢書的精神也因而有了階段性的反省與更新，從更長的時間裡，請看我們的努力。

目錄

第二章 幽默也是創造力 083

第三章　創造力的動機和態度

第四章　擴散／聚斂思考技巧　177

創造力相放伴

◇ **製創人**

一九七二年我見到的吳靜吉，應該是台灣最有創造力的心理學教授了。當年他為了測試學生的課堂理解，用劇本寫作所出的情境考題，迄今仍令我驚艷。後來他透過上電視、演講、寫書、編書，使大眾心理學成為顯學。一時之間，舉凡人生的自我追尋、教養子女、婚姻事業……所有問題幾乎都可以求助心理學。年輕的吳靜吉魅力四射，成為社會導師，他代表幽默、創意和信任。

吳靜吉研究創造力，有學理有案例有技藝，一生懸命。他每天讀書、不斷求知、能幽默肯自嘲、不倚老賣老、教學相長，靠著同理心和解決問題的想像力替朋友排難解紛。他做到「關心而不介入」，有時刻意裝糊塗，以創造性模糊為鬧翻的朋友保留空間和時間。有這種非凡智慧，難怪他能扮演「因緣際會擺渡人」角色，成為許多朋友跨越生命障礙的貴人。

《創造力的激發》是吳靜吉一生研究、蒐例、寫作、講述和實踐的命題和旅程。從黑髮寫到白髮，成績斐然，如今要把金針渡與人。

利己助人，何人不需創造力?!

（王榮文，遠流出版公司董事長）

創造力，一種激發生命的力量。一趟探索心靈的旅程。

（王桂花，心靈工坊文化公司總編輯）

沒有吳靜吉，就沒有綠光和紙風車所有的創作及公益活動！

（李永豐，紙風車文教基金會執行長）

創造力的教育，不是為了成為創作者、藝術家或發明家，而是為了學習一套未來生存所需的、定義問題和解決問題的基本能力。

未來的世界越來越複雜：從未見過的挑戰、難以判斷的抉擇、模糊不清的處境越來越多，每個人都需要創造力的激發，才能「把事情搞定」(get things done)。

（何琦瑜，親子天下執行長）

一大早搭車前去宜蘭故鄉，前去不曾去過的海邊——吳靜吉博士的出生地，壯圍東港村。正是他上本書寫的一個詞：三戠水：宜蘭河、蘭陽溪、冬山河在這裏匯聚，然後奔向太平洋。

歲月夠長，積累了肥沃的宜蘭沖積平原。

他的心靈世界也有三條河：創意（創造力、創作力）、幽默（風趣、自在、自嘲）、表達力（寫作、演講、教學）。

上一本書《因緣際會擺渡人》，自喻一生；這本書《創造力的激發》，有如三條溪流匯聚他一生獨特的經驗與風格，融入創意、幽默、寫作與演講（教學）之中。

（莊展信，《時報周刊》前總編輯）

從一九九一年修吳老師的課起，二十幾年來，我深深感受到老師的創造力。至於他怎麼做到的？我相信最重要在於永保赤子之心，具有自嘲幽默。在ＡＩ的時代，創造力更為重要，這本書對每個人的激發也更有價值。

（梁永煌，《今周刊》社長）

◇ **學者專家**（依姓名筆畫排序）

創造是與差異的交會（encounter），這種交會可使我們不斷逸出框架之外，追尋事物存在更豐富的可能性，開顯出一種新的理解。

（丁興祥，輔仁大學心理學系退休教授）

除了肌肉力量之外，人類有效駕馭任何力量的方法，都來自創造力。

（于國華，國立台北藝術大學藝術行政與管理研究所副教授）

只要總是充滿好奇、凡事用心觀察體會、現在開始學習創意、隨時來個練習運用，創造力就會泉湧而來，而且你就會不一樣了！

（王劭仁，香港商宜諾管理顧問／台北慕舍酒店／台北燈燈庵創辦人）

國外當季最新穎心理學研究，深入淺出幽默風趣的教學，比較長的頭髮、白色套頭上衣與天藍色運動西裝和大書包的潮型教授打扮的吳靜吉博士走進教室的那一天，成了我生命重要的轉捩點，在保守封閉的七〇年代末，引導我認識了創造力、藝術、活潑教學和開放尊重對人，心中感恩至今。

（余嬪，國立高雄師範大學成人教育研究所教授）

「靜極意創，吉趨思揚」。感恩創意大師對技術創造力探討的啟示與指導。

（吳明雄，國立台灣師範大學機電工程學系退休教授）

吳靜吉教授是我極為敬重的創造力大師，相交半世紀，深知他學養豐富、著作等身，兼具濃厚的本土情懷和國際視野，性格幽默風趣，樂於提攜後進，培育英才無數，在創造力領域，更是引領風騷，可說是臺灣創造力的教父。三十多年前他曾以《青年的四個大夢》一書風靡校園，如今創造力經典著作再現，令人雀躍，讀者有福了。

（吳武典，國立台灣師範大學名譽教授）

教育與學術的意外都是為了創造「影響」力，讓知識與經驗傳承下去！

（李澄賢，國立中山大學人力資源管理研究所助理教授）

創造力是「吳」「靜」「吉」！「吳」—大言也！觀念表達不斷，充滿無限可能；「靜」—創意需要醞釀，各種想法在交流中迸發；「吉」—創造力帶來人生幸福，世界美好未來！

（林偉文，國立台北教育大學教育系教授兼系主任）

素養的核心在創意；創意的核心在聯想；聯想的核心在好書；好書的核心在吳師。

（洪榮昭，國立台灣師範大學工業教育學系教授）

小時候常喜歡在水邊玩水漂、丟石頭，看那湖水中掀起一圈一圈向外擴散的漣漪，心中甚是歡喜。跟著吳爸寫論文時，他曾提及：「那論文題目的選擇，要好比向水中丟入的石，它會激起水花漣漪，就像它會在你生命中產生向外不斷的連結……」。創造力的字源來自拉丁文「creare」，德文中意指「創化力」（Schöpferisches），它包含著生命開展力的意涵，是一種獨一無二的展現，它指向對全體人

類來說是新的，它亦是對個體本身而言是新的。此一以個體生命開展為中心的創化觀點，不僅指向那玩水漂抛出石子的生命核心，它將不斷的在生命成長中向外拓展；同時它也為闡述年幼兒童擁有天生好奇、開放、模仿、想像等特質，且處處流露自由創意寫下註解。走在發展正向的自我圖像的旅途中，創造力無疑是這群年幼兒童成長及發現世界的動力。

（倪鳴香，國立政治大學幼兒教育研究所教授兼研發長）

打造創造力之國度（Republic of Creativity）
奠基創造力之教育（Creative Education）
開創創意生活產業（Creative Life Industry）

（馬振基，國立清華大學榮譽教授）

創造力讓我們能夠適應快速變動的今日世界，也讓我們能夠找到人生的樂趣與最終意義。

（高振耀，國立台南大學特殊教育學系教授）

程。

每個想像力與創造力的產生，就算只是個人對於生活經驗的創意詮釋，都是看似平凡卻艱辛的歷程。

大C、小C、迷你C，CC可貴。讓我們珍惜與鼓舞每個突發奇想的瞬間。

（郭旭展，國立成功大學師資培育中心與教育研究所助理教授）

我每個週末往返花蓮台北，當火車經過宜蘭壯圍附近，總忍不住往窗外眺望，尋找一個小男孩，想像中，他穿著舊背心和卡其褲，坐在消波塊上，對著大海發呆，那時，他尚未遇見火車上的我，也不知道長大後的自己將以溫柔又幽默的風格召喚數不清像我這樣的老師投入創意教育。

吳老師激發創造力，和他的書寫、他的為人一樣，溫柔又幽默，在此狀態下，被老師引領、串聯和統合的人事物，總願意敞開心胸、展開冒險。老師這種擅長處於「居間狀態」（in between）的獨特魅力，或許跟他在壯圍出生和長大有關，老師曾說：「我覺得自己就像這個三攸水處的擺渡人，命中註定要做不同領域的中介者，為其創造、串聯、資源整合，再匯流入海。」或許這就是為什麼，每當火車經過宜蘭壯圍附近，我總忍不住往窗外眺望，尋找那個小男孩，那是吳老師，也是創造力。

（陳文玲，國立政治大學廣告系教授）

青年的四個大夢，擺渡我進入成人社會。
創造力的培訓及激發，是我生命歷程中的原動力，在面對挑戰、挫敗及魔考時，更能本於創新轉念，拚創生命中的資源、信心藍圖及策略實踐。

（陳甫彥，易遊網董事長）

靈魂從創造中發現自己，生命在創新中超越存在。
歡笑幽默的名字是創造，教育文化的果實是創新。

（陳學志，國立台灣師範大學教育學院院長／教育心理與輔導學系特聘教授）

「創心造物，靜念浮吉」

（陳蕙芬，國立台北教育大學教育系副教授／產學合作與育成中心主任）

創造力像「愛」一樣，是無中借有也是推陳出新。有創造力的人必須有容乃大，才能飛龍在天；但更重要的是——創造力要能讓人平安幸福絢麗輝煌！

（陳龍安，中華創造力訓練發展協會理事長）

把無奇變好奇、把無關變有關，創造力讓人更有自信解決生活中的大小問題。

（游銘仁，國立中山大學西灣學院助理教授）

跨領域上窮碧落探穹頂，

循心流峰迴路轉向海洋。

（詹志禹，國立政治大學教育學系教授）

吳老師提出創造力教育最關鍵的「胡椒鹽」配方，翻轉與整合學者「服務、教學和研究」的順序。

（溫肇東，東方廣告董事長／創河塾塾長）

ＡＩ時代，「創造價值」成為重要的人生價值與生存光劍。教師應引領學生掌握世界脈動，培養學生願意想像未來、參與未來、創造未來的海盜精神與使命感，並藉由創新與創意教學激發其創造潛能，共同成為改變世界的行動者。

（葉玉珠，國立政治大學教育學系教授）

生命經驗的擴展，像是如何愛人或是實現理想，慣用的想法或作法經常會失靈。因此，創造力是基本的能力和態度。這在大腦，組織及文化的研究，皆已經很清楚的指出。可喜的是，創造力是可學習的。

（劉世南，國立成功大學創意產業設計研究所所長／教授）

用熱情將人與社會連結在一起，栽下創意的種子。

（樊學良，東吳大學實踐家創創基地執行長）

創造力是
山窮水盡疑無路時尋找到
柳暗花明又一村的動能、方法與成果之享受

（蔡敦浩，國立中山大學企管系教授兼西灣學院院長）

創造力像抗體，可確保身心健康。

（鄭英耀，國立中山大學校長）

自序

一本書一篇文章，都是成品，一篇文章從觀念的發想，到寫成文章，一本書從起始觀念，到最後完成製作，甚至出版，都是一個從創造力到創新的歷程。

埃默里大學（Emory University）裴瑞—斯密（Jill Perry-Smith）和倫敦商學院（London Business School）馬努其（Pier Vittorio Mannucci）兩位教授特別釐清觀念之旅，必須路經四個階段，包括：構思、精緻化、倡導，以及最後的實踐。

我是那種想出觀念就已經相當滿足的人，很少將它付諸實踐，但對出版社來說，最後必須見諸實體的書本，而且希望銷售良好。從在美國明尼蘇達讀博士班，到紐約在大學教教育心理學、投入劇場，並且參與亞美運動，以及回到台灣之後，所見所聞所讀所感，多少都會啟發我去思考一些可能的演講、工作坊、開課或出版有關創造力的主題。我曾經期許自己，一生寫出五十本書，其實我的用意只是有了五十本書的概念後，就會去收集相關資料，但也都僅止於收集資料而已。

遠流出版公司創辦人王榮文和當時的總編輯周浩正與《時報周刊》發行人簡志信和總編輯莊展信合作，以「創造力的激發」為主題，要我在台灣各地演講。媒體的預告和報導，自然會吸引聽眾，而當時《時報周刊》的編輯高靜芬記錄和改寫講稿的結果，讓我再度見識到編輯的能耐與重要性。

這本書實在拖了太久，從黑髮到白髮，拖越久，我就越不想出版。

可是，不時總會有人向我索取某篇文章，而連我自己都不曉得放在哪裡。進入二十一世紀，創造力亦發重要，幾乎所有有關未來學生、老師，到企業主管和政府官員，創造力都被認為是最重要的能力。

最近的新冠肺炎，增加了許多不確定，創造力的重要性就越顯得重要，這時候正好可以藉機檢視所有文章。我想不管寫得好不好，就把過去文章集結，適當的修改，儘量與時並進，最後從一百多篇中選出七十篇集結成書。

時間太久，要感謝的人太多，就當作自己失智了，只能就現在記得的去感謝，王榮文、周浩正、簡志信、莊展信、高靜芬、詹宏志、林淑慎、王涵儀、王桂花、梁永煌、何琦瑜，過去與現在在政大創造力講座進進出出的林坤賢、朱張順、沈婷茹，另外最後是永遠冷處理的吳郢祁和現在正皺著眉頭負責整編的黃于娟，以及很會催稿和表示意見的總編林馨琴和她的編輯。

當然，我非常非常感謝給我機會撰寫專欄或舉辦巡迴演講，而催生這些文章的《時報周刊》、《中國時報》地方組、《張老師月刊》、《今周刊》、《親子天下》以及編輯們等等。

前言

為了振興經濟和建設美好社會，歐美各國政府紛紛推動創造力、創新和創業精神三者環環相扣的教育。歐盟二十七國的教育部長，於二〇〇九年三月在布拉格舉行的非正式會議中，提出八點恢復歐盟經濟與面對其他社會挑戰的結論。其中，第三點即是在強調「培育創業精神並推動創造力與創新」。他們認為，歐洲需要培植創業的心態，並重視個人創造力的發展。★

二〇〇九年是歐盟的創新與創造力年。

戰勝新冠肺炎之後，世界各國的產官學研各界也必須像歐盟二〇〇九年時期一樣，積極構思並實踐如何復興經濟的政策和方案，重新建設美好社會，也一定會再度掀起重視創造力的運動。如何激發創造力，預防危機的發生、解決危機與重建危機的復原和復甦工作，是刻不容緩的任務。

創造力也是面臨資源不足時，用來解決問題的良方解藥。

不管是預防、解決或復原，創造力都是重要的。幾十年來，撰寫的專欄中，從最早的《張老師月刊》、《時報周刊》、到近年的《親子天下》和《今周刊》，我總是喜歡介紹或述說有關創造力的事情。因為對我來說，創造力是性感的。

就說這次新冠肺炎被隔離的人，有些人發揮創意，解決生活的問題，或自娛娛人，都因為在發想並執行創意點子時，自己也就苦中作樂，別人也一樣受到正向感染。例如，把狗擬人化，配合防疫措施，戴上口罩，配合量額溫，完成主人交付取貨的任務。義大利人在陽台上，以歌聲互相打招呼。有趣的是，大家都變佛教徒，雙手合十打招呼，甚至以腳代手。

二〇一七年遠流出版的《創造力是性感的》一書，強調的就是從演化心理學家的觀點來看，面對任何的困境，或者是為了過著比較美好的生活，能夠創意解決問題，創造各種自娛娛人的事情，不僅自己覺得很有吸引力，能夠這樣做的人，也被認為是性感，而且有吸引力的。

從新冠肺炎這件事情來看，我們雖有美好的計畫，但也會遇見無法預料的危機。對日本來說，二〇二〇東京奧運無論是取消或延期，都會面臨相當大的損失。原本是美好的計畫，最後因為一些國家宣布不參加，被逼得只好延期。這種現象已經太多了，所以我們都要培養創造力，讓自己在面對任何突如其來的危機中，可以創意解決。

寫專欄和演講時，我喜歡穿插幽默故事、簡單案例、名人名語和一些心理學研究的實證，有些好故事因此會在不同文章中重複出現。構思和寫稿過程中常自我陶醉，不然我就不敢說「創造力是性感的」。當然我也希望和讀者或聽眾有些共鳴。

★吳靜吉，《創造力是性感的》（遠流，二〇一七年），頁二二三二。

這本書分為六章，每一章的前面都會有一段引言，這六章分別是：

第一章「創造力的基礎」

第二章「幽默也是創造力」

第三章「創造力的動機和態度」

第四章「擴散／聚歛思考技巧」

第五章「水平思考技巧」

第六章「創造力與故事」

這本書中的七十篇文章就像大家族裡的兄弟姐妹，每個人都是獨立的個體，也都有血濃於水的關係，也像生活中所發生的事一樣，獨立運作，但也互有關聯。文章有長有短，但都可以獨立閱讀，可以在任何地方、任何時間，沒有壓力的閱讀，可以在床上、桌邊、海灘上、車上，可以站著、躺著、坐著。

可以一氣呵成，也可以跳著看。

當然，你也可以選擇自己喜歡的技巧、案例、幽默等，從「做中」體會創造力是性感的喜樂。

第一章

創造力的基礎

「千里之行，始於足下。」

創造力的激發及其成就也是一樣。

創造力從觀念發想，到執行完畢之後的服務、產品或作品，是為創造力的第一個P（Product）。這個產品必須是新奇的（Novel）而且有意義、適當的或有用（Appropriate／Useful）。這些新奇和有用的作品或產品，包括從生活經驗中的頓悟之「迷你C（Mini Creativity）」、生活問題的解決方案之「小C（Little Creativity）」、到各種領域上的「專業C（Professional Creativity）」，以及可以影響到人類生活、文明或創作的「大C（Big Creativity）」。

但是這些產品或作品都會經過創造力的第二個P（Process），也就是歷程。將看似無關、不同的元素組合起來，這種創造歷程可以同時運用簡單與複雜的角度詮釋。

所有創作都需要由人（Person），也就是創作者或創意人，經過創意的歷程而產生，所以Person或團隊是創造力的第三個P。

但什麼人或團隊或國家比較有創意，什麼人在什麼樣的經驗中會得到靈感的激發，都需要依賴天時地利人和等等的環境、脈絡或機會，當然也要看個人的動機、熱情與好奇。所以創造力的第四個P是指壓力或環境（Press／Place）。

以上是創造力基礎知識的啟始，但「創造力是否可以教？」「是否人人都可以創造？還是只有少數人才可以創造？」「創造力真的那麼重要嗎？」「跟智商（IQ）有什麼關係？有什麼區別？」「想像力扮演了什麼角色？」第一章的十四篇文章除了介紹創造力的歷程、4P、4C等等以外，也試圖回答這些提問。

創造力的產品既然必須具備新奇、獨創而有用或適當的條件，那麼在不同文化或環境脈絡中的中國大陸青年和美國青年，在看法上有什麼異同，而反映了他們各自教養和風氣的影響？台灣的青年在這方面是比較接近美國，還是中國？是有趣的問題。

這些創造力的基礎理解，就是邁向創造力的「千里之行，始於足下」的真功夫。

1 — 簡單的創造歷程

創造力是什麼？

創造力是：原來無關的兩個以上的元素，包括觀念、人或物體等，經過組合的歷程，最後產生一個「新穎」且是有用或有意義的「作品」或服務，而令人驚訝，這就是簡單的創造歷程。

現在就來舉例說明：

電影的例子

《上帝也瘋狂》（*The Gods Must Be Crazy*）這部電影是個發生在南非原始民族——布希族的故事。布希族是個生活非常落後的民族，他們住的地方非常乾旱，連水都沒有，但是他們會從樹根榨水，也會把樹葉放到戶外過夜以收集露水。像這樣一個落後的地區，要如何讓它與六百哩外的文明世界發生關連？

一個空玻璃瓶子——編劇先生巧妙地安排了一個隨手被飛機駕駛員一扔、自天而降的可樂空瓶子，讓在布希族以為是「上帝」送給他們的禮物，於是這個代表著西方文明的可樂空瓶子，就在原始

的布希族部落，和布希族酋長要把空瓶子帶到天的盡頭丟棄的旅程裡，展開了一連串讓上帝也瘋狂的有趣故事。

布希族和文明社會是兩個原本無關的世界，但是卻被一個可樂空瓶子（創意點子）串聯起來，而結果令人驚訝，所以很明顯的，這是一個創造的歷程。

小說的例子

小說家毛姆（William Maugham）喜歡旅行收集靈感，有一次在船上，他看到一個長得非常高貴的妓女和一個長得非常「討嫌」的牧師，牧師和妓女在一般人的腦子裡，根本是扯不上親密關係的，但是聯想力豐富的毛姆，卻讓他眼前所見的這兩個人——牧師和妓女，成為他下一部小說的男、女主角。

在小說中，毛姆讓牧師愛上妓女，但礙於世俗規範，牧師無法和妓女結合，於是由愛生恨，牧師反倒變成迫害妓女，這就是毛姆很有名的一本小說《雨》（*The Rain*）的情節。

毛姆事實上只看到兩個人，一個是牧師，一個是妓女，原來是毫不相干的，但他找出了「因愛而迫害」的關係，讓牧師和妓女發展了一段故事，所以這也是創造力。

幽默的例子

幽默本來就是創造，幽默的歷程跟創造的歷程是一樣的，只是幽默的結果經常帶來驚喜、會心一笑，甚至哈哈大笑。

《時報周刊》的解頤篇曾經登過這麼一則笑話：有一個戴著近視眼鏡、背著大書包的國中女生，拿著一張獎學金的支票到銀行去換錢，櫃檯小姐說：「請妳在後面背書！」「一定要背書嗎？」「一定要！」「那我是背國文第三課還是第五課？」在支票後面簽字叫「背書」，把課文背下來也叫「背書」，這兩個「背書」本來毫無關係，但是卻被一語雙關地牽連起來，而結果讓人驚訝且驚喜，所以也是創造。

我們社會有個固定的身材觀念，太胖或者太瘦都會被大做文章。就有兩個人一胖一瘦走在一起，小孩子們看了都會嘲笑地喊「王哥柳哥，王哥柳哥」，而他們一聽到被取笑成「王哥柳哥，王哥柳哥」也就開始追「打」孩子，追跑的樣貌反而增加了孩子的興奮。

有一天，當他們想起雜誌上一則諾貝爾文學獎獲得者人蕭伯納（George Bernard Shaw）和他的作家胖子朋友卻斯特頓（Gillbert Chesterton）的笑話後，決定再也不逃了。他們反而把小孩子叫過來，然後照著那則笑話演一次：

胖子對瘦子說：「我多看你一眼，不知道的人還以為我們國家鬧饑荒！」

瘦子回胖子說：「我多看你一眼，不知道的人還以為你是造成我們國家饑荒的原因！」

長久以來的「難堪」，就在胖子和瘦子的自我解嘲後化解了！胖子跟瘦子原本無關，並沒有同樣在吃一鍋飯，但是現在造成一個似是而非的「饑荒」因果關係，而結果讓人大笑不已，所以這是幽默，過程就是創造。

發明的例子

我們今天用很多東西都視為當然，因為我們生下來已經有這些東西，可是在還沒有發明這些東西以前，你知道有多麼的不方便嗎？

比如鉛筆。鉛筆上面不是有一塊橡皮擦嗎？可是最早的時候是鉛筆歸鉛筆、橡皮擦歸橡皮擦。小學生寫字經常寫錯，可是又經常忘記帶橡皮擦，所以對學生、老師來講，都相當困擾。最早有一位老師建議把橡皮擦穿一個洞，然後吊一條線綁在鉛筆上，可是你想想這個畫面：全部的學生在寫字的時候，橡皮擦就集體在那裡晃來晃去。

要是能把鉛筆和橡皮擦結合在一起，那該有多好！於是終於有人把橡皮擦嵌在鉛筆上面，變成一件作品，這樣的過程就是簡單的創造歷程。

殘障朋友在坐輪椅的時候，你覺得輪椅很簡單嘛！現在汽車什麼都有了，輪椅當然很簡單！可是第一個發明輪椅的人也是不容易的。殘障人士坐在椅子上，如果要移動，就要搬動椅子，所以他們想，如果椅子就像車子該有多好！果然就有人發明了輪椅，椅子跟輪子原來是無關的東西。

鬧鐘大家都用過吧！多少人醒來之後，千方百計要把它按掉，但是相反的，卻有很多人在醒來之後會去開收音機，於是有人發明「音樂鐘」。音樂鐘是把鬧鐘和收音機這兩種原本無關的功能結合在一起，而結果讓人驚訝，所以這也是創造的歷程。

生產的例子

「生產」也是創造，原來無關的一男一女，經過了一個合作的歷程，最後有了「愛情的結晶」，而這個結晶讓人驚訝又驚喜，所以這也是創造的歷程。

有這麼一種說法，不過很難驗證——女性們因為有機會生產——這是一種創造歷程，所以有人認為她們有了子女之後萬事足，比較不會再去從事其他辛苦的創作過程，因為創作是很寂寞的；男士們雖然也合作完成了這個偉大的生產創造，可是畢竟不是真的親身去體驗從孕育到生產的歷程，所以他們必須要再從別的地方去得到更多的滿足。

但還是有人會舉很多例子來支持這個說法。

二十四歲就受到矚目的知名人類學家瑪格利特．米德（Margaret Mead），生前著作等身、桃李滿天下，美國政府把她視為「文化國寶」，所以在她還沒過世以前就為她做專輯，然後送到世界各地的美國新聞處去播放。專輯中，有位記者問她：「在妳這麼多成就中，如果只要妳提一件，妳會提哪一件？」她想了一下說：「我生女兒的時候。」

也有個電視節目訪問很多義大利女士：「妳覺得人生最快樂的事情是什麼？」大部分女士都回答：「生孩子的時候！」

所以很多人就用這些例子說明，女人確實是因為能夠懷孕生子，而這是個創造的歷程，所以她本身就等於得到了很大的滿足。但是這些對心理學家來講，還不足構成證據。

有的女士就說了，她既沒有生孩子，也沒做什麼特別的事情，不是就無法創造了嗎？不是的，每個人都可創造，所以當你在做菜的時候，願意嘗試把兩種以上從未被放在一起的材料放在一起就是創造，不過妳的嘗試結果要讓家人驚喜，而不要光只是驚訝才好。

2 — 複雜的創造歷程

簡單的創造歷程和複雜的創造歷程，都在詮釋創造的歷程；簡單歷程在強調作品的連結成品，而複雜歷程則是從創意點子啟始到最後連結的歷程。

複雜的創造歷程是指先發現問題的存在，然後提出假設，接著會用一套方法來驗證，而如果驗證的結果和假設的一樣，就會跟別人分享，當然沒得到驗證，一樣可以分享。

舉個例子：

〈例一〉瞳孔大小與情緒

一男一女面對面，彼此都沒有開口說「我愛你」，但為什麼知道彼此「一見鍾情」了？還有，所謂的「盡在不言中」「心有靈犀一點通」又是怎麼一回事？其實這些可能都跟瞳孔的大小有關。

當一個人在興奮的時候，瞳孔會放大，當然不是放大到散掉，那就有問題了，是觀者感受到卻不明顯的放大。在解決稍微複雜問題的時候，瞳孔也會放大，所以我們覺得一個正在努力工作的人特別可愛，其實就是因為他瞳孔放大；甚至於一個人很專注地在談他的作品時，你覺得他的神采特別迷

人，這也都是因為他的瞳孔放大，而你感受到了。

同樣一張照片，經過暗房的技巧處理，一張把瞳孔放大，一張不把瞳孔放大，然後你把這兩張照片拿給別人選，大部分的人都會說瞳孔放大的那一張照片比較好看，這就說明，瞳孔放大確實是讓我們感覺比較喜歡、比較舒服。

其實古代中國人是最先曉得瞳孔大小與興奮有關的。以前珠寶店的老闆都懂得去觀察在櫥窗逗留的人。如果那個人是走馬看花過去，就表示他大概沒什麼興趣；但是如果那個人在櫥窗停留比較久，就表示一定有什麼東西吸引他，這時，老闆就很厲害了，他故意把東西掉在地上，然後趁撿東西的時候去看這個人的眼睛，如果這個人的眼光聚集在某件珠寶上，而且瞳孔放大，那麼老闆就心理有數了。但可惜的是，先人只停留在個人的經驗層次，而沒有把它變成一套完整的方法來驗證，可是外國的心理學家就不是這樣子。

美國芝加哥大學的心理系教授海斯（David Hess），有一天飯後坐在沙發上看自己以前拍攝的照片，突然間，他太太說：「不要動！你看這張照片的時候眼睛不一樣！」他定睛一看，原來這張照片是他最喜歡的一張，於是他就叫太太注視他的眼睛，然後把照片順序重排，結果只要是到了他最喜歡的那一張照片時，他的瞳孔就放大，百試靈驗！

發現問題後，海斯就提出假設「當一個人在看自己喜歡的東西時，瞳孔就會放大」，接著他用一大堆的方法來驗證。

現在你暫時權充心理學家，你覺得要用什麼方法來驗證瞳孔放大？假設都是男生，你要拿什麼東

西給男生看，會知道他們的瞳孔有沒有放大？不要臉紅，如果你臉紅了，我想你已經知道答案了。

海斯用的其中一個方法是，拿男性和女性的裸照給大學男生看，然後用測量瞳孔大小的儀器來觀察大學男生的反應，結果果然是「大學男生在看女性裸照的時候，瞳孔放大的程度比看男性裸照時顯著地大」！

接著海斯又做了另一個實驗，他把這兩種裸照拿給「另外一種」男生看，這種男生在看女性裸照的時候是不會興奮的，你們知道有這樣子的人吧！果然沒錯，驗證的結果，同性戀男子的瞳孔的反應恰恰跟異性戀男子相反！

於是海斯把他所有實驗的結果發表在學術刊物上，甚至也深入淺出地發表在大眾化科學刊物上，讓大家知道這個現象。這就是分享知識。

〈例二〉他人期望與自我期望——自我預言的實現

自我預言的實現（Self-Fulfilling Prophecy）或又稱比馬龍效應（Pygmalion Effect），我們常講有所謂的教師期望或人際間的期望，也有所謂的預存偏見，比如「書香世家的孩子是好的」「學鋼琴的孩子不會變壞」「學舞蹈的女人身材都很好」等等。

有一位哈佛大學教授羅森索（Robert Rosenthal），他在做博士論文的時候，發現他找到的答案都是偏向自己原來的假設，於是他懷疑：「難道人會在不知不覺中實現自我期望嗎？」

他先做了個簡單的實驗。他在十張照片中，隨機抽了五張歸為「一臉成功相」，剩下的五張就是「一臉失敗相」，然後請大學生來看。在看之前，他跟大學生講：「根據專家的研究，這五張照片的臉型基本上都是成功者的臉型，另外五張則是失敗者的臉型，我想知道你們自己在看這兩組照片的時候，結論是不是跟專家一致。」結果，很明顯的，這些大學生把「一臉成功相」的看成是會成功的，把「一臉失敗相」的看成是會失敗的，結論完全跟專家一致。

既然簡單的實驗有了效果，於是他就進一步再做比較複雜的實驗「老鼠走迷宮」。

他把老鼠隨機分成兩組，一組叫做「聰明的老鼠」，另一組叫做「笨老鼠」，要大學生來訓練牠們走迷宮。大學生在訓練「聰明」的老鼠時，心想，既然這些老鼠都是「天生麗質」、出生「書香世家」，如果迷宮走得不好，一定是錯在我而不在老鼠，於是他們就非常有耐性，come on, come on, take your time, ok, turn right，叫老鼠不要緊張、慢慢來；但是訓練「笨老鼠」的時候，大學生覺得這些老鼠真是越看越笨，於是採用打罵教育，老鼠一挨打就緊張得不得了，不曉得怎麼辦，變得很無助。結果很明顯的「聰明」的老鼠學走迷宮學得比較好，而「笨老鼠」學得比較差。

「人有期許」在他的實驗下證實了！於是他把結果發表在學報和學會上，並且還在美國一本大眾化的雜誌《科學》發表。發表的時候，他在最後加了一段話：

「如果這個實驗結果可以推論到人的身上來，那麼在企業或學校中，一個新人進來，如果他的家庭背景比較好，那麼我們對他的期望就比較高；如果他是微薄家庭出身，甚至父母親都沒有受過教育，我們對他的期望就比較低。同理，外表也是一樣，我們對外表好看的人，覺得他的人際關係一定

比較好；對於外表差的人，假如他多講話，我們就說他是醜人多作怪。老師也有可能在課堂上這樣，因為老師都有學生的家長背景資料，很可能會對學生不公平。」

舊金山有位小學女校長賈柯森（Lenore Jacobson）讀了這段話之後，非常興奮，徹夜不眠，她認為老師在上課的時候，是有這個可能性，於是她也提出了假設：「假如老師認為某個學生的智商比較高，那麼對他的期望就會比較高，在這種情況下，這個學生的自我期望也會提高，並且會努力地去實現自我期望。」

當晚，這位小學女校長就打電話給羅森索：「我願意跟你合作，請來我們學校做實驗。」他們兩個人就開始做實驗（這種合作也是一種創造）。

學期一開始，他們先替所有的學生做智力測驗，但是不把測驗結果告訴老師，反而從每一班中，隨機抽取20%的學生交給該班導師，然後說這20%的人是所謂的「大器晚成型」學生。

八個月之後，羅森索和賈柯森再替所有學生做智力測驗，並且看他們的學業成績以及導師給他們的評語，結果非常有意思，這些「大器晚成型」學生的智力測驗分數、成績，都要比該班學生的其他學生平均還要高。

於是，羅森索和賈柯森把這次的實驗寫成一本書，結果造成轟動，影響了很多很多的事情，甚至影響到法院的判決。

〈例三〉古典制約

我再舉一個例子，這個例子也跟中國人有關，但是很可惜，這個例子也僅止於中國人的個人驗證歷程，沒有發展成一套完整的實驗方法和結果。

知道明朝徐文長這個人吧！「下雨天，留客天，留我不？留！」這是他根據友人寫的字條改編的。徐文長很聰明，他小的時候很討厭叔叔來他家，因為他叔叔每次來都罵他不讀書。

該怎樣才能不讓叔叔來呢？看到後院裡叔叔繫的馬，徐文長心裡有了主意。

他趁每次叔叔在客廳和大人聊天的時候，偷偷跑到後院去訓練叔叔的馬，他不斷地做「對馬鞠躬後，立即鞭打馬」的動作，一直到馬一看到有人對牠鞠躬，不必鞭打，就會驚慌地跳起來為止。

時機終於成熟了，有一天，叔叔和大人談完話要騎馬回家時，徐文長就「小人」得志地故意站在門口偷笑鞠躬相送，說時遲那時快，馬一看到徐文長鞠躬，以為是要鞭打牠，就驚慌地跳起來，叔叔也就被摔倒在地，幾次之後，叔叔以為有鬼，再也不敢來他家了。

很類似的情況，俄國的心理學家巴夫洛夫（Ivan Petrovich Pavlov）在做狗的生理實驗時，每次在給東西吃之前，都會先搖鈴。有一天，他無意間碰到鈴，狗以為是要給他東西吃，竟然唾液流得特別多，於是他就針對這個無意間發現的現象，再做更周密的實驗，並將結果公布，這就是有名的「古典制約」（Classical Conditioning）理論的由來，他也因這個實驗而獲得一九〇四年的諾貝爾生醫獎。

很可惜，徐文長沒有把個人經驗發展成有系統的實驗，要不然「古典制約」理論應該不是俄國人先發現的。

3 — 創造力的因素：流暢、變通、獨創與精進

創造力是單一的嗎？還是有很多因素？創造力不是單一的，創造力有很多因素。

你們用過空罐子吧！空罐子有多少用途？

在宜蘭演講的時候，我曾問過這個問題，結果四分鐘內，我共收集到二十六個用途：種花、裝水、打人、遊戲、玩具、當棒球、回收賣錢、道具、裝飾品、樂器、菸灰缸、蓋啤酒屋、尿桶、沙發、風鈴、床、竹筏、滾筒、捍麵、錢筒、麥克風、燈籠、吐口水、武器、蠟燭台等。

在同樣的時間內，如果甲想了三十個用途，而乙只想了十個用途，那就表示甲的「流暢力」比乙高，所以**創造力的第一個因素是「流暢力」**。

我們說一個人文筆通順、下筆如神、口若懸河、出口成章，都是指這個人的「流暢力」很高；我們說「多子多孫多福氣」「一個國家的出口量」「桃李滿天下」，這些也都是指「流暢力」而言。基本上，「流暢力」指的是量的問題。

創造力的第二個因素是「變通力」。

你舉的空罐子的用途，如果可以分成的種類越多的話，比如文具類、裝飾類、武器類、容器類、家具類……，就表示你的變通力越高。「窮則變，變則通」，如果你的腦筋想來想去都在武器類打轉，

就表示你的「變通力」不高。

如果老師教出來的學生都跟他一樣，一鼻孔出氣，或是他是歷史學家，教出來的學生都是學歷史的，那麼這個老師的變通力不高。老師可以是這樣，但應該也有其他的可能。史丹佛大學的一位教授希爾加德（Ernest Hilgard）曾寫一篇文章說他常常不曉得自己是不是好老師，因為他教的是心理學，但是他的學生中，各種人才都有，有政府官員，有國會議員，有統計學大師，也有傑出的心理學家。無論如何，我覺得這位教授的教學「變通力」很高。

同樣的道理，如果父母親是醫生，生了十個孩子也全部都是醫生，那麼就表示這對父母親的「變通力」很低；但是如果生的十個孩子所學各不相同，就表示這對父母親的「變通力」很高，因為他們的教育方法一定是比較自由，會按照子女個性來發展。

以上是自發性的「變通力」，另外還有一種是適應環境的「變通力」，比如我們常講的「山窮水盡疑無路，柳暗花明又一村」就是。舉個例子，有人送了你一束花，可是當時你住在旅館，沒有花瓶，於是你把包花的玻璃紙襯在垃圾桶裡當成花桶，這就是一種適應環境的「變通力」。

創造力的第三個因素是「獨創力」，也就是所謂的「一枝獨秀」「萬綠叢中一點紅」「物以稀為貴」「鶴立雞群」。

以剛才空罐子的用途為例，如果你想到的是花盆的話，我們給你零分，因為經過統計，至少5%的人會想到這個答案。想到尿桶、烟灰缸、文具的，同樣至少有5%，所以也是零分。想到當蠟燭台的，有2～4.99%，給一分。換句話說，如果一百個人裡面，只有一個或兩個人才有的答案，或是

在一班學生中，只有一個人有這樣的答案時，基本上，我們說這個答案已經具有獨創的意義在了。

「獨創力」有兩種層次，一種是自己跟自己比，另一種是自己跟別人比。

從自我勉勵的觀點來看時，自己跟自己比就可以了，但是若從全國、全世界的觀點來看時，就要自己跟別人比了，所以所謂的「智慧財產權」「專利」，完全就是從這個觀點出發。

我在指導學生論文時，如果學生拖拖拉拉，我會嚇唬他們：「你要快一點，我知道別人也在做同樣的論文。」這個方法很有效。後來學生順利畢業之後，我跟他們說沒有這回事，是我騙他們的，他們說：「哈，老師威脅利誘！」我回答：「為了你們能及時完成論文，威脅利誘沒有罪。」做論文不能雷同，所以是一種「跟別人比」的獨創力。

創造力的最後一個因素是「精進力」，我們常講這個東西「經久耐用」，這個人能夠「錦上添花」「加油添醋」，或是這個人能夠「起死回生」，基本上都是指這個人或這個東西具有「精進力」。

有些人觀念有了以後，簡單的就結束了，比如你問他今天好嗎？他說：「不好！」你再問他為什麼？他只會回答：「不好就是不好！」但是有些人呢，會加油添醋地添加許多事情：「唉！那要從頭說起，幾天前，我碰到一個朋友……」這種人的「精進力」就很高。

再以繪畫為例，主題同樣是「山」，有些人畫了一座山就結束了，有些人就是不畫白不畫，既然是山，山上面應該有樹，樹有大樹小樹，樹後面應該有人，可是一個人太寂寞，於是又畫了很多人，不但這樣，天空還有很多鳥。像這樣的人就是精進力很強，會把畫面發展成這般豐富。

你們看過《功夫》或《三人行》影集沒有？這些影集在演完以後，一定會講這個故事是由誰孕育

的，英文叫 conceived by，孕育故事的人一定要獨創力很高；然後再註明這個故事是由誰發展的，英文叫 developed by，發展故事的人一定要變通力和精進力很強；最後還要註明這個故事是由誰寫成的，英文叫 written by，寫故事的人一定要文字的流暢力很高，所以創造力也可以以合作的方式完成，彼此截長補短。

教育界向來比較重視聚斂思考（Convergent Thinking）而忽略擴散思考（Divergent Thinking），前者是邏輯、推理思考、是追求正確答案的思考、是智力測驗的內容。後者則是創造力的基礎、是講究可能性而不是正確答案的思考。

以擴散思考為主的創造力包含流暢力（Fluency）、變通力（Flexibility）、獨創力（Originality）和精進力（Elaboration）四個因素。所謂流暢力是指想出觀念的總和。獲得兩次諾貝爾獎的化學家鮑林（Linus Pauling）曾經說過：「如果想得到好的點子，你必須要有很多點子。」文思泉湧、觀念源源不絕、神來之筆、侃侃而談、口若懸河、著作等身、桃李滿天下都是在形容流暢力。

多元社會、多元智慧、跨領域、跨界、異質團隊的概念則是在強調變通力的必要性。山窮水盡疑無路，柳暗花明又一村、窮則變，變則通、入鄉隨俗、見機行事是用來形容變通力。

來過台灣的澳洲影視明星賽門貝克（Simon Baker）說：「每天必須重複扮演同樣的角色，我會發揮變通力，用許多不同方法扮演同一個角色。」

「如果想得到好的點子，你必須要有很多點子。」鮑林所說的好點子就是獨創力的表現。大部分心理學家都接受創造力是想出新奇而且有意義或有用的觀念之定義，這就是好點子的獨創力。有趣的

是，有關獨創力的成語特別多：獨樹一幟、標新立異、獨具匠心、旁逸斜出、出類拔萃、脫胎換骨、一枝獨秀等等……都是指物以稀為貴的獨一無二之獨創力。提出雙聯（Bisociation）的創造力理論之庫斯勒（Arthur Koestler）認為天才的主要標記不是完美，而是開放新境界的獨創力。

我們常說日本人的創意就藏在細節裡，是指日本的精進力比較高。精雕細琢、精益求精、不斷改進、千錘百鍊，以及清朝袁枚的「愛好由來著筆難，一詩千改始心安；阿婆還是初笄女，頭未梳成不許看。」都是在形容精進力。

增進不同創造力元素需要不同技巧。腦力激盪是增進流暢力最常用的方法，在日常思考中，我們可以練習流暢的說出、寫出所有可能想到的反應。

我們也可以體驗不同情境、不同文化，並且抱持「山不轉路轉、路不轉人轉、人不轉心轉、心不轉意轉」的思考心態，以增進變通力。

我們必須學會選擇，在眾多觀念中讓最獨特的脫穎而出，或精挑不同資源、元素，而組合成新奇有意義的創意。

所有的創意實踐都需要精益求精，就是學習日本人將創意藏在細節裡。發揮創造力，我們必須體悟：創意具有四力，而且力力重要。

4 — 大C、專業C、小C、迷你C，CC可貴

創意是原本無關的理論、觀念、產品、經驗、事件或行動等等的組合，這種組合必須是新穎的，而且是適當的、或有意義的、或有價值的。這些創意有所謂的大C、專業C、小C和迷你C的分別。

愛因斯坦（Albert Einstein）的相對論、畢卡索（Pablo Picasso）的畫作、佛洛伊德（Sigmund Freud）的精神分析理論、瑪莎．葛蘭姆（Martha Graham）的現代舞、達爾文（Charles Darwin）的進化論、李白的詩作以及網路、電腦、保險套、紙與飛機的發明、DNA雙螺旋體的發現，以及教育和音樂的創辦等等，這些都是改變了人類文明和生活的大C。

我們也相信人人可以創造，創造力教育的另一個目的就是讓每個人都有機會發揮他們生活中小C的創造和迷你C的創意。

一個家庭主婦能夠發明一種新穎、適當且好吃的美食，她的家人和朋友吃過後讚不絕口；一個小學生的團隊參加科展的作品經過專家評審，其創意獲得肯定；一個學生寫了一篇評審老師和同學都認為有創意的文章；一個探險團隊在面臨危機時能夠急中生智，讓自己脫離困境，事後成為許多面對類似情境時解除危機的智慧；一個人在面對尷尬的情境，能夠自我解嘲，引發別人大笑的幽默。這些創意都是小C的創意，大C、專業C和小C的創意都經過了外在的評鑑而被認為新穎，且適當或有意義

或有價值。

許多小C、專業C或大C的發展都可能有其迷你C的脈絡根源。所謂迷你C就是個人對其經驗、事件和行動新穎且有意義的詮釋或轉化。和大C、專業C、小C不同的是，迷你C是個人建構知識的歷程；是自我的領悟，是基於內在的判準而非外在的判準。

政大創新與創造力研究中心在推動教育部的創造力教育中程計畫歷程中，我們特別強調親身體驗、團隊合作與經驗分享的重要性。在每一次的分享中，我經常因聽到參與者個人迷你C、小C，甚至專業C的體悟而樂觀起來。從參與的學生、教師、校長、行政人員、教授到社會人士，不知道有多少校內、跨校、跨縣市、跨領域、跨性別的團隊已然形成。團隊的形成需要時日，而創造力教育的推動也必須假以時日，在台灣求「立竿見影」的氛圍中，許多參與創造力教育計畫的人能有毅力地承擔將近八年的挑戰，確實值得喝采。

西北大學不同領域的烏切提（Stefan Wuchty）、瓊斯（Benjamin Jones）和 Brian Uzzi 三位教授於二〇〇七年的發表，他們分析五十年來，一千九百九十萬篇的專業C學術論文以及兩百多萬個專利，發現團隊的作品被引用的次數顯著多於單一作者或發明者，這種現象隨著時間的進展更為明顯。而且團隊作品的影響力更為突出。研究團隊創意的學者也一再說明異質團體的重要性，異質可以根據人格特質、思考風格、專業背景與擅長的能力等等的個別差異，也可以從性別、職業、年齡與族群等等團體差異而組成團隊。當然更可以根據不同國家的成員來進行分享與合作交流。

我們希望透過創造力教育的廣化與深化，不僅實現人人可以創造的理念，也希望能夠進而讓台灣

出現更多大C和專業C人才。我們也了解未來的創意不該是高處不勝寒的工作，而是可以在結合友誼與對話的團隊中發想與執行。

創造力教育中程發展計畫的推動團隊成員都在扮演傳統的教學、研究和服務的壓力下外加扮演其他角色，卻能在教育部「顧左右而言他」的雪上加霜之困境中，幾度死裡逃生，復原增能。除了創造力教育中程發展計畫的推動者角色之外，幾乎每個人都要扮演「傳教者」的角色。這兩種角色原本就隱涵在計畫中，大家也都能苦中作樂找到福樂（Flow）的感受。可是另外兩個額外的角色多少讓許多成員陷入進退兩難的困境，大多數的成員都在學校裡擔任行政工作，最辛苦的是扮演說服守門人的角色，每年不只一度要確保這個計畫能如願執行，尤其在實際執行這個計畫的大、中、小學的教師期許的壓力下，更見辛苦。面對「不確定性」是壓力的來源，愧對實際投入學校的老師之努力與成效當然也是壓力的來源。

在這樣的壓力與困境中能夠讓這個計畫幾度死裡逃生，讓團隊成員減壓脫困，靠的就是個人的創意體悟和團隊的互相支持。因為是在推動創造力教育，這些團隊成員特別期許自己運用創意的方法解決問題，偶爾運用變奏的世界咖啡館技巧，偶爾運用傳統的會議方式，偶爾也應用休閒反思的作法。大目的就是希望讓創造力教育計畫能夠永續推動下去，逐漸讓創造力回歸本位，融入日常教學中。大C、專業C、小C和迷你C都有機會脫穎而出。

從心理學的角度推論，我的人生應該是悲觀絕望的，卻因每遇挫折就努力用正向觀點詮釋經驗而讓自己比較開朗樂觀。到了明尼蘇達大學接觸創造力的知識後，從此開啟了希望的門路，再怎麼令人

厭煩、絕望的事多少都可以從創造力的觀察、閱讀、研究、參與、體驗中轉化心情。能夠參與創造力整合型研究計畫，與創造力教育的推動工作，我必須感恩。

我雖然沒有大C的成就，也沒有很多小C的表現，但因有許多迷你C的串連而發現自己仍然可以掌握許多機會，體現創造力是性感的生活情趣。

哈佛大學商學院艾默伯（Teresa Amabile）教授讀幼兒園時，無意間聽見到訪的老師跟媽媽說：「妳的女兒具有創造力。」老師判斷的根據之一是畫作。她說，後來念了教師中心制式教育的學校，繪畫的創造力早已被扼殺。在史丹佛大學讀博士時，就展開從社會心理學角度探討社會脈絡影響創造力的前因後果，最後造就了她成為創造力的理論大師。

經過時間考驗，仍然影響人類文明、生活和學習的天才及其作品，就是所謂的大C，是教科書選為傳授的教材，李白的詩、愛因斯坦的相對論、電話和網路的發明等等都是。

艾默伯所研究的卻是小C，是解決日常生活中，每天所要發揮的創造力。例如家庭主婦研發一道新穎的美食；小學生參加科展的創意作品；員工跳出框框解決了工作上的難題；每個人面臨危機時的急中生智，讓自己脫離困境，事後成為面對類似情境時解除危機的智慧。

康乃狄克州大學教育心理學系的兩位教授比蓋托（Ronald Beghetto）和考夫曼（James Kaufman）認為在大C和小C之間還有一種創意，就是專業C，是指專業的創意表現。電影、歌曲等各項競賽、教授的學術研究發表、木工、水電工達人的技藝，都在考驗各領域的專業創意。

不管是大C、專業C或小C都是從迷你C啟動的。所謂迷你C就是如何創意地詮譯每天讀到的文

章、遭遇的事件、聽到的故事、體驗的頓悟等等，而使這些經驗對個人具有意義。

猶太人的家庭和學校，習慣性地實踐迷你C教育，父母師長從小鼓勵孩子提問，透過質疑反思，希望探究答案及其觀念背後的意義。

回家後，父母會在愉快的聊天中問，「你今天在學校提出什麼樣的問題？」「有沒有哪些讀到、學到、聽到的東西，對你具有特別意義？」兩代之間便可以進行智慧性的對話。這樣的意義建構也發生在教室裡的教學相長。

很多父母抱怨，不斷買新玩具，孩子卻很快就玩膩了。在猶太教養文化中耳濡目染的愛因斯坦就不同。五歲時，父親送給他一個小羅盤，他覺得非常奧妙，小小的東西怎麼能指引方向，拆解它，想要了解背後的原理。他發揮了迷你C，這種科學精神和實驗行為最後發展了大C。

許多老師父母都會帶小朋友到美術館或博物館進行教學觀摩，之後有沒有讓孩子意義建構，看完作品後如何詮釋、如何領悟，如何創意連結，就決定師長重不重視大C、專業C和小C的根基——迷你C。

5 — 創造力和智商的關係

創造力到底跟智力有沒有關係？我想這是大家很關心的。

創造力基本上跟智力的關係是很小的。

換包話說，創造力高的人，智商不一定高，而智商高的人，創造力也不一定高。

芝加哥大學葛佐爾斯（Jacob Getzels）和傑克森（Philip Jackson）兩位教授把學生分成四組，第一組是「智商高，創造力低」，第二組是「智商低，創造力高」，第三組是「智商高，創造力也高」，第四組是「智商低，創造力低」，這四組學生的智商都在一百以上。

你想，社會、老師或是父母，基本上最不喜歡哪一組？「創造力高，智商低」的那一組！因為那一組的人都有很多鬼點子，但是功課卻不怎麼樣！基本上，這樣的人在社會上最吃虧，而在我們的社會裡，這樣的人尤其吃虧。

我常常覺得自己很幸運。小時候我在壯圍鄉的海邊長大，寂寞的時候，我常常到海邊亂玩，玩水、玩沙，甚至跟海浪比賽等等，這些經驗對我都非常好。

我想我的智商不高，還好當時沒有流行智力測驗，所以我也就這樣度過了。我的智商不高，但是我用創造力來彌補我的學習。

初中一年級學英文的時候，我常常一個人到海邊去，趁四下無人時，我就在乾的沙灘上劃英文字母ABC，然後再拿溼的沙子把劃痕填滿，而且無聊的時候，還在那邊用跳舞的方式，把身體當作筆桿，在沙灘上跳來跳去寫ABC。

我還記得在背英文生字的時候，樹叫tree，我家旁邊剛好有個樹林，我就跑到樹林去，嘴巴念一次tree，雙手就抱一次樹，然後我就一直在那裡tree、tree、tree。後來我才知道這是一種學習方法。

我就是用這種方式來彌補我智力的不足，所以有人說我怎麼那麼會記人的名字，我說我的確用了很多方法去記名字，就是把無關變成有關。

創造力跟智力其實只是教育界歸類資優人類六種才能中的兩種而已，人類其他的四種才能是：

- **學科才能——有些人文科不怎麼樣或者是「五音不全」，但是數學或物理特別好。**
- **視覺和表演才能——有些人學業成績和智力都不怎麼樣，但是卻擅於跳舞、演戲，甚至於像當政府首長和民意代表都需要表演才能。**
- **動作技能——這是屬於身體器官的協調動作，比如打棒球是大協調動作，而開刀是精細的協調動作。**
- **領導才能——有人讓你帶領，而你能夠服人並且提高工作效率，這就是領導才能。**

如果我們運用哈佛大學加德納（Howard Gardner）教授的八大智慧來分類，人類的才能的確是多元的。

有一種激發創造力的技巧叫「強迫關係」，可以訓練我們的創造力。

強迫關係，當老師的都知道，就是把無關變成有關，比如請你用「老鼠跟狗」造一個句子；或是把眼睛閉起來，想像老鼠跟狗會有什麼互動的畫面，很多幽默的漫畫就是從這樣的「白日夢」中想出來的。

比喻（見本書第四篇的比喻類比技巧）也是一種強迫關係。我給學生做了一個「寂寞像什麼」的活動，學生的答案很有意思：「寂寞是在西門町人潮中一個人」「寂寞是聖誕節一個人在圖書館」、「寂寞是心理學考五分」「寂寞是一個人在床上數頭髮」「寂寞是講了一大堆莫名奇妙的話之後」。

歇後語也是一種強迫關係，例如「門縫裡看人——把人看扁了」等等。歇後語是漢文創造力最高的表現之一，在我做學生的時代，沒有「馬子」這個名詞，後來既然有人把女孩子稱為「馬子」，自然就有人發揮創造力，創造了「女生穿迷你裙——露出馬腳」的歇後語。

有一位小學三年級的小女生作了一首比喻的詩：「火車是女的，汽車是男的，汽車看見火車，總是先讓火車過去。」原本男、女、汽車、火車全沒關係，但是這位小女生卻能用「誰讓誰先過」的關係串連，這是一個非常好的創造力的例子。在看完此篇的終了，希望各位能好好發展自己的創造力，正如「肥胖的女士穿旗袍——長江後浪推前浪」。

6 — 創造力真的那麼重要嗎？

二〇一〇年IBM發表了針對全球六十七個國家、三十三個行業中一五四一位CEO的調查報告，第一次這些CEO認為「創造力」是領導者最需要具備或培養的特質。他們認為未來的世界越來越錯綜複雜，領導者為了有效適應這些變化無窮的現象，必須具備創意的心態和思考智慧，創造力的重要性也就從此這麼居高不下。

大家還在爭論AI來了後，我們如何接受、運用與學習時，新冠肺炎卻突然來襲，更顯創造力的重要性。

領導人固然需要創造力，但創造力的教育最好從小開始。英國這幾年推動創造力教育的努力有目共睹，其中一個重要前提是現在就讀小學的兒童長大成人進入職場時，大概有一半到三分之二的工作尚未被發明。在科技發展之後，很多公司為了接受世界變遷的挑戰，開始設立技術長、財務長、文化長和學習長等職位，世界各國的大學也陸續成立文創產業、遊戲設計、數位內容、娛樂科技等系所或學程。

英國政府的評鑑報告證明了創意的學習方法的確增進了學生的學習樂趣和成就，以及創意的思考能力和技巧，讓學生對自己的學習有所反思，進而學會自我評鑑。

一位三年級老師透過這種創意的學習方法，活化了數學課程。她安排了一次教堂之旅，讓學生自己去規畫旅行，學習如何管理自己的金錢、時間和旅行關鍵技巧。有趣的是，學生一到教堂，竟然發現教堂隱藏了許多數學符號，便展開探索研究。

父母師長在計畫暑期旅行時，也可採用類似的創意方法。例如宜蘭的童玩節，老師或父母可以讓孩子自己或團隊去規畫一或兩天，甚至一星期的行程，讓他們安排精準但容許變通的行程，預估所需花費，然後每晚都可以一起分享個人的經驗及建構學習之旅的意義。這樣，孩子就能學習簡單的數學、時間管理、行程管理、資料搜尋，以及比較、了解地方特色與各種行情，過程當中也可以發揮創意去解決一些如大塞車等意外的問題。這種創意設計和執行的經驗，必然可增加孩子的自信、成就感、彈性應變能力和和諧互動關係。

創造力真的那麼重要嗎？英國政府將創造力列為國家課程的核心能力，提供了最佳答案。創造力的確可以增進學生的自尊、動機和成就感，當教師和父母鼓勵孩子創意和獨立思考時，他們比較會自動自發的學習新知、回憶舊識，也因樂在學習而自願超越上課和預排的時間投入工作。創造力還能讓孩子學習如何快樂過一生，樂觀的接受人生各種挑戰；也可以豐富兒童的生活，發現並實現個人的特殊興趣和才能。

創意的兒童學會如何挑戰迅速變化的世界，在未來多變的世界中學習轉換或創造不同的事業。未來的老闆會希望員工能結合不同的資源、進行創新、跟別人溝通良好、合作無間和解決問題。換句話說，未來的老闆需要創意的人。要成為領導人，更需要具備創造力。創造力當然重要！

歐盟所以會定訂二〇〇九年為「歐洲創造力與創新年」，馬來西亞政府也跟進，將二〇一〇年訂為「創造力與創新年」。在所有探討二十一世紀的教育、企業、社會等，都把創造力當作是最重要的目標。

7 想像力和創造力是教育的根本

愛因斯坦五歲的生日收到父親送的禮物「羅盤」，他非常驚訝地發現，這樣小小的東西怎麼能夠閱讀複雜的世界。五歲是一個充滿好奇和創意的發展階段，他急於拆解羅盤，想要了解羅盤的構造原理，愛因斯坦特別擅長邏輯數理和空間關係的智慧，所以他渴望理解事件的因果和時空之間的關係，這是他為什麼成為科學家而不是畫家或電影大師的原因，然而他和其他各種智慧上有成就的人一樣，充滿了想像力和創造力。

迪士尼從小在農莊長大，他熱愛自然界的動植物也愛繪畫，同時他也是個生意人。他在七歲時就知道將自己的畫作賣給鄰居來賺錢貼補家用。他童年時看到哥哥騎馬，也心血來潮地騎著母豬遊園做夢，還因此騎進泥坑裏，他結合了農莊的經驗、繪畫的興趣和生意的頭腦，創造了迪士尼王國，他是電影大師，帶給許多兒童歡樂，他和愛因斯坦一樣充滿了想像力和創造力。

語文智慧的才子李白在十二歲時完成了「床前明月光，疑是地上霜，舉頭望明月，低頭思故鄉」的〈靜夜思〉，他同樣充滿了想像力和創造力。

畫家畢卡索說「每一個兒童都是藝術家，問題是一旦兒童長大，如何才能延續藝術家的生命」，他所謂的藝術家是指擁有想像力和創造力的赤子之心。

哈佛大學教授加德納認為人類的智慧至少有八種：語文、數理邏輯、視覺空間關係這三種是大家比較熟悉的，其實音樂、肢體動覺、自然博物、內省和人際等各方面都有其個別的核心能力。

不管我們擅長哪一種智慧，都可以透過各種藝術的體驗學習而發展其擅長的智慧，以及貫穿他智慧的創造力和想像力。

心理學家、教育家和各種創意人一再提醒父母和老師，兒童生來便具有想像力和創造力，這些想像力和創造力必須獲得擔任守門人角色的師長之支持；更有人說，只要不被抹殺，兒童的想像力和創造力就可以水到渠成地得到發展。所以我們必須尊重並欣賞兒童的想像力和創意表現，發揮同理心傾聽他們的想像故事和創意點子，進而以清晰積極的語言鼓勵他們分辨可行與不可行、希望與實際的想像和創意之分野，引導兒童透過閱讀、觀賞、參訪、研究、對話、分享、實驗、體驗等等行動，執行可執行的創意，繼續發揮想像力和創造力。

8 — 什麼都有可能：創造力的可能性

幼兒園老師問專心畫畫的女孩：「妳在畫什麼？」女孩：「上帝。」老師：「可是沒有人見過上帝長什麼樣子！」女孩：「不用擔心，等一下大家就會知道。」

羅賓森爵士（Ken Robinson）在TED以「學校扼殺了創意嗎？」為題的演講中，舉這個例子來說明兒童創造力和想像力的天賦才能和自信。

正因沒人見過上帝，大家都可以根據自己的想像，創造心中上帝的形象。這個故事因這一集的演講，是三千多場演講中點閱率最高的，而傳遍許多家庭和教室。

獲得一九二五年諾貝爾文學獎的蕭伯納說：「想像是創造的開始。」人類的所有創造的確都是從想像開始。他進而自述：「你看見已經存在的東西，然後說：為什麼會是這樣？而我則是想像從未出現的東西，然後問：為什麼不能這樣呢？」

別人可能看著已存在的上帝或其他神像，而這位女孩則是想像未曾見過的上帝面貌，創造自己構思的作品，她在問：「為什麼不可以是這樣子呢？」

上帝長什麼樣子沒有人看過，但富翁如何生活，我們總可以找到許多接觸或報導的例子。一位小學老師出了一個「如果我是億萬富翁，我會如何應用這些錢，做有意義的事情」的作文題目，大家都

振筆疾書，只有一位同學面帶笑容、做冥思狀。老師提醒：「小新，你還不動筆寫啊！」小新：「如果我是億萬富翁，我那聰明、會寫的助理，就會幫我寫啦！」

小新的故事至少包含三個跟想像力有關的元素。第一個是「所有可能」的概念，英文叫「Possible」，只要機率大於零都可以算；第二個是「大概」（Probable）的概念，通常是指機率比較高的可能性，甚至是可以預測的；第三個是他「偏愛」（Preferable）聘請聰明、會寫的助理的抉擇。台灣的教育偏愛「羅盤是誰在哪一年發明的？」「中華民國的第一任總統是誰？」等這一類考記憶的題目。為了發揮創造力和想像力，我們應多提出「假如……我就會……」等問題。就從任何的可能，到可以預測的大概可能，到最後自己偏愛的選擇。

獲得專利的作品都是透過想像而創造的創新。一八九九年，美國政府專利局局長杜爾（Charles Duell）表示，每一個可以被發明的東西都已經被發明了。

推動想像力和創造力的專家學者經常引用這件事來提醒大家：想像的可能性很大、創意的需求很多，我們不能抱持「每一個可以被發明的東西都已經被發明了」的固執心態。想想看，光二〇一一年一年，美國專利局通過的專利就有二四七七二八件。其中美國的共有一一〇五九九件，高居第一；台灣則排名第四，也有九八八四二件。

二〇一九年一年，美國專利局通過的專利就有三九一一〇三件。其中美國的共有一八〇〇八三件，高居第一；中國排名第四；台灣則排名第六，也有一一四三五件。

多提出假設性的問題，揮灑想像力，啟動什麼都有可能的新開始。

9 — 自主學習動手做

每個兒童都是天生的「自造者」，熱愛動手做、從做中學習新知、演練技巧。父母和老師會替兒童準備樂高、黏土、顏料筆、疊疊樂、橡皮筋以及其他美工或科學實驗的器材，讓兒童玩樂操作，甚至玩出作品。可是，當紙筆測驗主導教學時，學生就很難扮演學習活動的主人，就連大部分的課後補習，也都會配合升學的需求、強調考試。兒童拆解物件、解構問題、親身重組、發揮創意的機會也跟著慢慢消失，兒童自造的本能就這樣被剝奪了。

原本主張適性揚才、免試升學的十二年國教之理想，實踐之後反而增加學生紙筆測驗的負擔。美國也因學生在ＰＩＳＡ（國際學生能力評量計畫）上表現不佳，而開始重視標準化測驗的教學，不僅違背兒童青少年的本能，也違反了讓學生主動學習的教育原理。

自造者運動（The Maker Movement）的興起，改變了做中學的命運，這個運動甚至讓美國歐巴馬政府，找到了增強ＳＴＥＭ（科學、技術、工程、數學）能力的教育平台。

每一種新科技的出現，都會吸引自造者樂此不疲的透過玩技術、學習技術。不僅個人，還會成群結隊虛實互動、玩樂實驗。皮克斯的合夥創辦人卡特莫爾（Ed Catmull）就是典型的例子。他從小的夢想是要創造世界第一部電腦卡通電影，而在做中學的歷程中，逐漸奠定了創意、創新和創業的基礎。

自造者運動已經成為希望掌握自己生活、解決問題，並且互相分享如何解決問題的ＤＩＹ運動。這項運動也已在學校裡散布開來，為學生尋找真實的學習經驗。

伊利諾州的探究學校「Quest Academy」就設計自造者的課程，並且安排自造者空間，讓學生創意發想、創新轉化，而發展作品的雛形。老師只有扮演「助長人」的角色，讓學生主動學習、同儕互助，依循適性揚才的原則、跟隨自己的進度構思、自造並且反思各自熱愛的計畫。

熱心的老師認為自造者教育是由下而上的行動，而不是由上而下的指令。雖然不再教學生為考試而學習，老師仍要求學生達到既定的學習目標，學生反而更投入在自造的活動中習得新知。學習教材和自造行動兩者融合一起，而不是分開兩個管道進行。

學校總有經費的限制，所以不必購買大型的設備，例如：３Ｄ列印機、雷射切割機等；善用紙箱、黏土、舊電腦的零件，就可以做出很有趣的作品。

３Ｄ列印機等的發明觸發自造者運動，如果學校可以獲得政府或企業界的補助或贊助購買３Ｄ列印機等設備，正式和非正式教育又能創新使用，學校便可以更加豐富學生的參與體驗和發揮自造的本能。

ＭＩＴ（麻省理工學院）的倡導，將會助長中、小學的自造者教育，學校開始要求申請入學的學生，呈現自製的作品集，並且在學校的網站推薦成功校友傅瑞德（Limor Fried），她白天是電機和電腦的學生，晚上則是熱愛修理電器、樂在自造的企業家。畢業後不久，她不僅是營利公司的ＣＥＯ，還成為技術革命的領導者，真的是名利雙收。

希望孩子進MIT等名校的父母師長、教育官員，一樣可以參與這個運動，一起還給孩子自造的本能，回歸教育的本質。

心理學家和各行各業的教育工作者不斷地提倡透過積極主動的學習回歸教育的本質。也因此這幾年來學者專家陸續發展了一些包括問題解決本位、計畫本位或探究本位等等學習者中心的教學模式。

很可惜，心理學家和教育工作者所強調的，似乎只在體制內的正式教育中進行改進教學的教育創新，他們提倡的這些翻轉傳統教學的教育模式，居然是因新科技產品的出現才得以廣泛地推動，其中以可汗學院（Khan Academy）所掀起的破壞性創新的翻轉教育最引人注意。翻轉教育就是讓學生在家裡或者在上課以外的時間透過YouTube或預先錄製的教材，個別或小團體的學習，到了課堂上，運用聽講、背誦以外的學習策略，透過面對面分享共創和積極自造做中學。

實驗教育三法通過之後，實驗學校如雨後春筍地成立，根據親子天下報導，二〇二〇年全台實驗學校超過二三〇家。

大家也因此想起了早在一九一五年，美國教育學者杜威（John Dewey）就已經提出做中學的教育理念，而很多強調做中學的西方各行各業的教育工作者，也競相引用並翻譯兩千多年前荀子〈儒效〉中的「不聞不若聞之，聞之不若見之，見之不若知之，知之不若行之。」來佐證。

總而言之，翻轉教育就是翻轉傳統被動的教育，回歸主動學習的教育本質。正如杜威所強調的，只要能夠動手做，學習就會水到渠成。做中學是學習者演練分析、綜合、創意和創新等等高層次思考技巧的平台。

此刻的台灣，刻不容緩地需要翻轉教育還給孩子「自造」的本能，回歸教育的本質，喚醒我們樂在學習、活到老學到老的原生慾望，這正是一〇八課綱的精神，希望我們的教育能夠將一〇八課綱的理念化為行動。

10 — 人人都可以創造

「落霞與孤鶩齊飛，秋水共長天一色」，日月山川，飛禽走獸，自然界原本是那麼地美妙，人雖然自命為「萬物之靈」，但人也是自然界的一部分。人們驚愕於大自然的奇妙！於是宗教家讚嘆著：「上帝創造了宇宙。」「神是何等的奇妙。」也有的人說：「盤古開闢了天地，女媧採奇石補天。」當然，也有的人更想用科學的方法，去探一探大自然的奧祕。

當我們自以為是「萬物之靈」的時候，我們的意思是人運用了他的腦，運用了他的智慧，發明了很多的東西，創造了許多的觀念。於是乎我們便生活在這種人造的環境裡，我們的食、衣、住、行、育、樂……，許多便是人造的。

我們家庭中用的鍋，用的碗筷是人造的；我們用的桌子，坐的椅子是人造的。我們穿的衣服是人設計的，我們住的房子是人建築的。我們用車子來代步，我們用電視來教學，這些都是人所發明的。即使是那些即興而作的舞蹈，有感而發的音樂，也都是人所創作的。

就拿我們吃飯用的木桌來說吧，它的一部分原料是木頭，我們感官看上去知道是木頭，用手摸起來也是木頭，可是它卻不是山上路旁樹木的拷貝。桌子有方的、有圓的、有三角的……，各種不同的設計，甚至還有七巧桌、折疊桌，這些都是人所設計出來的、創造出來的。

我們日常生活中的這些發明，這些產品都是經過創造的歷程。有些人比較具有創造力，有些人比較缺少創造力。但是同樣是看到一棵樹，為什麼有些人會想到去製造、設計出令人滿意的桌子，而有些人看到了樹就是樹，木頭仍是木頭？關鍵恐怕不在於天生有無創造力的問題，而是後天有沒有機會去培養。

在西洋每一年的聖誕節，到處可以聽到「平安夜」的歌聲，西風東漸之後，我們的行憲日，大家唱的不是行憲紀念歌，而是這首「平安夜」。這首曲子是怎麼來的呢？

西元一八一八年，奧地利有一個地方，叫奧伯恩多夫（Oberndorf），當地有一位二十六歲的莫爾（Josef Mohr），是當時聖尼古拉斯（St. Nikolaus）教堂的神父，另外有一位當地的教師，三十一歲的格魯貝爾（Frang Gruber），是教堂的風琴手。這兩個人每個禮拜天在教堂裡一起唱聖樂和民歌。格魯貝爾還用吉他來伴奏，那時奧伯恩多夫地方的民眾很喜歡他們這樣的合作。

一八一八年的十二月二十三日，莫爾神父正坐在房間裡的書桌旁沉思，而那一天深夜，剛好有一位住在郊外的母親要生產，需要神父去為她祝福。一路上莫爾神父看著白皚皚的雪，以及想像著因生產順利而快樂的母親，然後望著她新生的男嬰。這位神父便把他當時的靈感和想法譜成了一首詩歌，這首詩便是〈平安夜〉（*Stille Nacht, Heilige Nacht*）。

第二天的早晨，莫爾神父就把這首詩朗誦給他的朋友格魯貝爾聽，希望這位老師把這首詩譜成曲子。格魯貝爾聽到這首詩後靈感大增，他便馬上把詩譜成了曲。於是在做完聖誕夜的彌撒之後，他們倆就把這首歌唱給當時參加彌撒的人聽。這首曲子就這樣開始了。

現在社會逐漸繁榮起來，許多家庭已經開始使用吸塵器了，而吸塵器又是怎麼發明的呢？

「風吹塵起」是自然界的現象，多少人多少年來都看到也知道這樣的現象。然而在一九〇一年，有一位叫布斯（H. C. Booth）的人，他卻把這個觀念倒過來——「風吸塵集」，吸塵器就是這樣發明的。

牛頓（Isaac Newton）和你我一樣，和其他古人一樣，也和他同時代的人一樣都看見了蘋果落地，也都看見了月出日落。而他卻是第一個發現蘋果下墜和月亮運行之間的關係，於是發現了「萬有引力」定律。

從前面提到的這些例子，音樂的創造、家具的發明、科學的發現，這些都是人為的。人是具有許多創造的潛能的，即使人不假外求，起碼人還是有能力「造人」。有人說，男人在創造發明方面有特別的表現，那是因為女人可以懷孕生子而男人卻不能，所以男人需要補償。這樣的說法是否正確還有待深入研究，但是無論如何，懷孕和生育子女是女性一種創造的表現。這種表現是男女雙方合作的結果，即使是「試管嬰兒」，也需要雙方的合作。

孩子的誕生，本身就是一種創造，他得像父親像母親，但他不是父親也不是母親。就像桌子是木頭為質料，但它卻不是樹木。

蘋果落地，月亮西沉，兩件原本完全不相干的事件，但是在牛頓的感覺和思考裡卻相關了，突然間，它們的關係就密切了，這個關係就成了「萬有引力」的理論。這就像夫婦，原來兩個人是完全不相關的，只要他們的關係「親密」，孩子常常是他們創造愛情的結晶。

因創造而快樂的母親，她的產品是——孩子。但有時候因角色關係，不能直接參與這種創造過程的神父，他卻直接創造了音樂——平安夜歌曲。

誰都可以創造的，你、我、他，我們都可以。

11 ─「不同凡想」者的成就三部曲

參與政大的「創新研究」計畫，有很多機會聆聽青年學者談論他們有關文創、服務和媒體，以及科學與人文基礎的創新研究。聆聽的過程中總有一些觀念在腦海裡，或獨立浮現，或互相碰觸，有時甚至糾纏不清。直到有一天，流行音樂和功能性磁振造影（fMRI）突然在腦海中相偕同行。

一時好奇心起，相信一定有學者運用fMRI測量人類，對流行音樂的喜惡、選擇、購買、聆聽、決策和行為。很快就在網路上找到了柏恩斯教授（Gregory Berns）研究發現的新聞。他原來的研究是要了解同儕壓力對青少年選擇歌曲的影響，但在二〇〇九年的《美國偶像》（*American Idol*）電視選秀節目中，聽到贏得第八季冠軍的克里斯．艾倫（Kris Allen）所唱的〈Apologize〉，他靈光一閃，馬上回去查驗二〇〇六年他讓青少年聆聽一二〇首他們陌生的流行歌曲選段的腦部反應資料。他發現，聆聽音樂時的腦部反應，可以預測歌曲後來是否流行，但用筆紙的評分就沒有預測的功能。讀完了這樣的新聞之後，我對柏恩斯的其他研究產生興趣，原來他在二〇一〇年已經出了這本書的第二版。看《偶像破壞者》這本書好像在閱讀各行各業創意人和創新者「不同凡想」的故事，真的是欲罷不能。

他認為一**個偶像破壞者必須具備別具洞見的知覺、克服恐懼的勇氣和社會技巧**。成功的偶像破壞

者會從新穎而且有意義或有用的角度，來看清一個現象或事物；唯提出獨創的觀念時，可能會激起不確定和被排斥的恐懼，但是他會抑制腦中的「杏仁核」，不讓恐懼支配他的決定；最後他會發揮社會技巧影響別人接受他的觀念。

神經科學家繼續揭露許多大腦的祕密，和生物功能有時會如何妨礙創新思考。知道大腦的哪個部位負責與知覺、恐懼和社會關係的功能，讓我們了解這些功能可能出什麼問題，以及如何改正錯誤。如果我們已學到有關大腦的任何東西，那就是它不可思議的適應力。在基因設定生物基礎的情況下，大腦的結構並非固定不變。幾乎大腦裡面的任何功能都能透過努力工作、練習和經驗加以改變。★

書中所舉的創意人和創新者，從大家耳熟能詳的科學家費曼（Richard Feynman）、沙克（Jonas Salk）；企業家巴菲特（Warren Buffett）、賈伯斯（Steve Jobs）、麥當勞的克羅克（Raymond Kroc）、比爾·蓋茲（Bill Gates）、福特（Henry Ford）；政治家金恩（Martin Luther King, Jr.）、前加州州長阿諾史瓦辛格（Arnold Schwarzenegger）；藝術家畢卡索、梵谷（Vincent van Gogh）；鸚鵡

★伯恩斯著，張水金譯，《偶像破壞者：不同凡想的成功法則》（台北市：遠流，二〇一三年出版），頁二五八。

螺健身器發明人瓊斯（Arthur Jones）和民營太空飛行的創始者迪曼蒂斯（Peter Diamandis）等等，但也有一些，我以前不知道的人物「不同凡想」的案例。

其中有兩個已經克服了恐懼的創意人，最後卻因為缺乏適當的社會技巧，而在生前沒有得到應有的掌聲、名聲和銅板聲。梵谷是我們大家熟悉的，作者也以梵谷和非常成功的畢卡索，以故事的方式描述他們在第三階段的社會技巧如何影響一個失敗一個成功的歷程。貫穿整本書籍「調頻無線電」的發明者阿姆斯壯（Howard Armstrong），則是我完全陌生的，作者也信手拈來描述他可以成功而沒有成功的原因和過程。

其中我最最陌生的創新者，居然是藍山雀（blue tit），連鳥類專家都不知道哪一隻才是真正的創新者，但是牠們的文化學習機制以及創新擴散的效果令我著迷。由此突然為「紙風車文教基金會」的「台灣動物昆蟲創意展」找到了我們人類應該向動物學習的有力證據，這個展覽的目的是「換個角度看世界，發現大自然裡豐沛的藝術與想像、知識與創意」。

英格蘭的南安普敦（Southampton）港口附近，當地居民每天早上睡眼惺忪開門拿取新鮮的牛奶時，意外發現瓶口上的錫箔蓋不僅被打開，連鮮甜的奶油也不翼而飛。警察對當地及鄰鎮這類竊案束手無策，後來意外發現竊賊竟然是一種再普通不過的英國鳥——藍山雀。第一隻發現並成功實踐這種乾淨俐落的偷竊花招之藍山雀，也可以算是創新者。雀雀相通，而發揮創新擴散效應。柏思斯根據追蹤研究這個事件的鳥類專家，認為這些鳥也有文化學習的能力：藍山雀彼此教會偷竊花招，彼此學習。他相信連鳥類都會的學習機制，「人類接納新觀念的方式其實早已深深根植於生物機制中」。

所謂偶像的破壞，就是指創意和創造力的發揮及其實踐。有些人，可以從不同的、新穎的，而且有用、有意義的角度發想創意。但是人類一方面需要持有與眾不同的獨立態度和行為，而另一方面也希望被自己認同的團體所接納。因此，當我們發想與眾不同的觀點或創意時，對於這些觀點或創意之發展的不確定性，很可能會產生不確定的恐懼。當然，與眾不同也害怕被別人嘲笑、排斥，甚至敵對。

為了驗證人類在團體壓力下害怕因與眾不同而受排擠的證據，他引用了在普通心裡學課本中最基本的研究。第一個是阿希（Solomon Asch）的順服同儕研究，第二個是米爾格蘭（Stanley Milgram）的服從權威研究。這麼熟悉的研究在他的筆下轉化成非常有趣的故事，讀起來好像作者實際參與或觀察兩位學者的研究、兩人師徒關係的互動及其創意觀念的發想，甚至實踐的歷程。他們兩人的師徒關係以及他們的猶太背景如何影響他們的研究，讓我有舊知新解的喜悅。

許多偶像破壞者因為無法克服恐懼而放棄創意，社會的損失有多大可想而知。有些創意人或偶像破壞者雖能夠克服不確定和外在壓力的恐懼，但沒有在生前獲得肯定而鬱鬱寡歡，如阿姆斯壯和梵谷，因為他們缺乏社會知能或所謂的ＥＱ。

因此，柏恩斯建議不管是企業的、政府的或教育的組織中，具有不同性格和能力的人能夠在團隊中產生互補作用是必要的。政府的團隊中最缺少的，可能是創意人或創新者。同樣的，社會上的創意人或創新者，如何將其獨創的觀念、創新的計畫讓投資者、領導者、同儕或使用者接納，也需要培育ＥＱ的知能。

創意、創新、創業、團隊合作、跨領域、跨界、ＥＱ和說故事，是今天幾個關鍵的態度、能力和行為。

12——從創意發想到創新執行的歷程：以爵士新解與創作熱血為例

創意從發想到最後的執行完成，經過四個階段的旅程，創意人在每個階段都有其需求與社會網絡的支持。**第一個階段是觀念產生**，也就是所謂的創意。創意人或創意團隊發想許多不同的創意，然後選擇一個最有潛力或根據既定標準顯現一枝獨秀的觀念，此一觀念因為是創意必須是新穎和有意義或有用處。

在這個階段，發想者需要認知上的彈性，在收集資訊或資料或喚起自身的經驗，以及觀察各種事件時，都能夠改變心中的認知結構，最後的結果就是創意，它可以是一部電影、一篇學術論文、一支廣告、一項政策或計畫的獨創而又可行的觀念。

第二個階段是觀念的精緻化，這個階段是有系統地進行評估創意的潛力、澄清創意以及精益求精的發展學生的創意。

創意人在這一階段有兩種需求，一種是因為到這個階段為止，一切都是非常模糊、不確定的狀態，所以需要別人的情感支持，另一方面也需要別人建設性回饋和建議，協助創意人找出方法改進或擴展

觀念。結果便是完成初稿或計畫。

第三個階段是觀念的倡導，這個階段是在積極推銷新奇的觀念，其目的是獲得首肯，繼續前進，或得到資金、找到人才以及尋求政治上的支援，是進入「萬事皆備，只欠東風」的階段。這個時候提出觀念或計畫的人需要的是影響力（Influence）和合法性（Legitimacy）。要提出對自己觀念最有力的辨證，以及強調或預告完成之後這個觀念或計畫對組織或領域或社會會有什麼正向的影響力。

影響力一方面是創意人要保護自己所提出的觀念，防備干涉和批評，並且移除障礙，說服相關決策者之支援和資源。

在這個階段，提出觀念的人也必須證明自己的名聲和合法性，證明他過去和現在的表現，以及實踐觀念的能力。這個階段的結果是獲得發展和生產觀念，也就是最後的版本，向前行進的綠燈。

最後就是觀念執行，這個階段是轉化抽象觀念為具體的結果，最後可以將這個模式或概念擴散，並被別人採用。這個階段的需求是共享的願景和理解。

共享的願景是增加共創的歷程，也就是在乎共同擁有目標和責任，因而增加了共創的動機，而使共創過程更有效率。創意人和團隊也需要共享的願景以克服潛在的抗拒，說故事是非常重要的技巧。這個階段的最後結果是詳細的藍圖或完成的產品或作品。

埃默里大學裴瑞—斯密和倫敦商學院馬努其兩位作者，以電影的觀念之旅為例來說明四個階段。

- **在觀念發想的階段，編劇想出許多觀念，然後選擇他認為最有潛力變成佳作的觀念。**
- **在觀念精緻化的階段，編劇啟動已經選擇的觀念，逐漸發展此一觀念使其成為比較詳細的摘要，**

以便呈現給潛在的製作人或在提案會議中提案或競標。

- **在觀念倡導的階段，編劇嘗試向電影公司負責人推銷自己的觀念，要說服製作人，他的觀念如何有創意和具潛力，這通常是發生在提案的會議中。**
- **在觀念執行的階段，編劇完成劇本，創意和製作團隊共同完成電影的拍攝。一旦電影拍攝完成，成功與否的決定在同儕的評判這部作品是否具有創意和意義，例如金像獎等各種獎項，評論家的評論和觀眾的購票。**

我喜歡《樂來越愛你》這部電影。年輕時特別欣賞好萊塢的歌舞片，每次看完電影走回家的路上，情不自禁地模仿凱利（Gene Kelly）的〈萬花嬉春〉（*Singin' in the Rain*），亞斯坦（Fred Astaire）的踢踏舞，爵士樂的即興創作和表演經常被心理學家用來解釋創造力，這部電影令人感嘆驚喜地組合了這兩個元素，叫我如何不喜歡它。

根據編劇查澤雷（Damien Chazelle）的自述串連這兩個元素的點子是「人們想要保存過去的某些部分，需要學習如何接受當下」劇中男主角賽巴斯汀（Sebastian Wilder）對爵士的感受，和現在對歌舞片的看法，都認為這兩種已經在消失中。但事實上不是這樣的，爵士樂並未死，而是賽巴斯汀的觀念才是死的，同樣的，歌舞片也沒有死，只是現在只想保存盛況時的歌舞片已經不合時代意義了。

二〇一〇年，編導查澤雷在哈佛大學讀大二時，跟他同樣都是樂隊的室友賈斯丁赫維茲（Justin Hurwitz）開始構思這部電影。兩人分別負責音樂和劇本的創作，互相溝通檢驗、共創，接著是精緻化，例如電影開始，在高速公路上塞車的所有人，都開門在高速公路上又唱又跳的那個鏡頭，因個人在洛

杉磯的親身經驗而發展出的片段。中間有一段男女主角在山丘上的公園裡舞蹈，則是五〇年代歌舞片裡，大家記憶猶新的舞步現代化的結果，而最後男女主角兩人各自實現專業夢想後，男主角在自己開設的爵士酒吧彈琴，而女主角已經嫁了一位年輕時追她的成功男子，聽到聲音後而走進來，男主角夢想兩人結婚之後的美好生活，但實際上人事已非，但最後當女主角與她丈夫要離開時，四目相對，男主角終於微笑點頭，接受了當下的狀況。

準備向製作人推銷這個劇本，碰壁是當然的。因為他編導電影的名聲和合法性尚未建立，他拍第二部電影《進擊的鼓手》，以他高中時在爵士樂團當鼓手，每天練八小時，卻被嚴苛老師折磨之故事寫成的劇本。也在支持者的賞識並給予建設性建議下，將之改為短片，成本很低，拍成之後在日舞影展（Sundance Film Festival）開幕放映。編導能力就這樣受到認可，也得到了電影製作人的青睞，才拍成長片，只花了三百三十萬美元的製片費，卻收到了四千九百萬美元左右的票房。同時在二〇一四年的第八十七屆奧斯卡金像獎獲得最佳男配角，最佳剪輯、混音等三個獎項，同時也獲得最佳改編劇本和最佳影片的提名。雖然過去編導電影數量不多，但這部電影已建立其聲望和拍電影的合法性。進入了最後實際執行拍攝階段時，他的製作和創意團隊在共享的願景和理解下順利共創完成整部電影，而最後在二〇一六年第七十四屆金球獎獲得七項提名，並得到七項獎項，當然包括最佳導演、劇本和原創配樂。在二〇一七年第八十九屆奧斯卡金像獎也獲得了十四項提名，並且也獲得了最佳導演、女主角、原創音樂、原創歌曲、美術設計、攝影等六個獎項。票房的成功和同儕的肯定證明了電影的成功和影響力。像這樣的電影的影響力，也同樣喚醒許多像我這樣對過去好萊塢歌舞片的美好回憶，以

及對創作的新詮釋。

這幾年來幾乎全世界的產官學研各界都在瘋創新創業競賽，台灣當然也不意外。根據 Puno 於資訊平台「荷事生非」撰文，荷蘭的飛利普創新獎（Philips Innovation Award）創造機會給大專學生和剛畢業的年輕人，從發想觀念到最後作品的呈現，在長達八個月的賽程中，也經過了四個階段。從最早觀念發展階段、精緻化階段，以及最後執行階段。在觀念階段只要一百個字即可，當然這個觀念必須是在很多構想中所選出來最後具有創意和有意義有用的觀念，第二個階段則是發展階段，就是將原來的創意轉化，然後寫成一頁的執行摘要，構成商業計畫，經過兩階段篩選，第三個階段則是他們開始經過修改、精緻化後，對投資者和獎項的參與夥伴提案。最後選出飛利普創新獎、最佳潛力獎和最佳人氣獎。整個長達八個月四階段的競賽中，得到不同性質的回饋、建議、支持。輔導員和評審委員都是他們創業時可能需要或必須接觸到的。

13—創造力可以教嗎？

在一些座談會、演講或對話中，總有人問：「創造力可以教嗎？」我通常會反問他們：「你認為呢？」

相信創造力不可以教的人，以為創造力僅指改變人類文明或生活方式的大C，或是獲得諾貝爾等獎項，以及事業有成的專業C。但主張創造力可以教的人，深知所有的大C和專業C都是源自解決日常生活的小C和詮釋個人體驗、頓悟的迷你C，而這些都是在家裡、學校和社會可以教、可以學，而且必須發揮的創造力。

但要怎麼教呢？**主張不可以教的前提是灌輸知識、記憶考試、標準答案、比較名次的教師中心教學模式**。要改變這些根深柢固的教師中心觀念非常困難，因此不少專家學者在很難說服家長、老師、社會人士時，就反過來提醒大家，我們如何成功的扼殺創造力。羅賓森（Ken Robinson）《學校扼殺了創意嗎？》（*Do Schools Kill Creativity?*）的TED演講和哈佛大學研究創造力的心理學家艾默伯（Teresa Amabile）的〈如何扼殺創意？〉（*How to Kill Creativity*）文章，所以能夠擁有那麼多聽眾和讀者，就是這個道理。他們所指的扼殺創造力的方法，就是典型教師中心的教學取向。

創造力可以教的主張是根據學習者中心的教學模式，讓學生探究中學、閱讀中學、聆聽中學、做

中學、互動中學、共創中學、問中學或玩中學。成人的任務就是相信，人人都有創造力，而且創造力是可以教的。

獲頒第七十四屆金球獎最佳劇本和導演的三十一歲查澤雷，在得獎感言中說：「感謝家人，在我三歲告訴他們我想拍電影時，他們信任並支持我。」後來他想成為音樂家，也當了爵士樂鼓手，自知不會成為偉大的音樂家，高中時又重拾電影美夢。得獎的《樂來越愛你》就是結合電影和音樂的創意作品。

兒童的好奇、熱情、興趣是會轉換重組的，父母師長不必緊張，只要包容、信任和支持，就不會扼殺創造力。獲得一九七三年諾貝爾生醫獎的動物行為之父羅倫茲（Konrad Lorenz）歸功於父母包容他過度喜愛動物的行為。父母師長也可以提供閱讀、把握並創造機會，讓創意、知識等變得可親可近。羅倫茲還不識字時，因聽了《騎鵝歷險記》而發揮想像力，最後發現了銘印（Imprinting）等等的創意。

學習者中心的創造力教學才是關鍵，算術不好的一九六二年諾貝爾文學獎得獎人史坦貝克（John Steinbeck），居然在一位女老師的創意引導下，覺得「抽象數學很像音樂」。

創造力是可以教的，問題是「教什麼？」「怎麼教？」

14——創意產品——中美看法不同

「看門道或看熱鬧」可以用來解釋一般人對創意產品的喜好。美國人和中國人誰比較重視看門道？誰比較重視看熱鬧？

伊利諾大學羅文斯坦（Jeffrey Loewenstein）和聖地牙哥大學穆勒（Jennifer Mueller）兩位教授首先對四一九位、三十歲左右的中國大陸年輕人，以及三九八位、平均三十四歲的美國人，請每個人選擇一個他最近接觸到有創意和沒創意的產品，並各提出三個有創意或沒創意的理由。最後歸納出二十六個兩種文化都認為與創意有關的線索，例如典範轉移、突破、潛力、稀有、改變用途、驚訝、藝術、結合、功能性的、有變異的、高科技、歡樂的、方便使用的、大量使用的、社會期許的、流行的、新的品牌、大眾市場的等等。

研究者根據這些線索編製問卷，對另外的年輕人進行調查，發現75％的美國人在評判產品是否有創意時，所用的線索比較集中，而95％的中國人使用的線索則比較廣泛。他們也發現美國人比較重視產品的新穎性和獨創性，中國人則比較重視產品是否具有大眾市場或方便使用。

我相信，兩岸在偏好新穎獨創或大眾化便利方面的看法應該蠻接近的。以旅遊為例，我們似乎比較在乎趨之若鶩、一窩蜂、看熱鬧的情形，而不強調景點或展演的獨特創意性。多年來，我在對教育

或企業界演講時，也發現許多聽眾的提問，大多聚焦創意觀念或產品是否可以馬上使用，是不是社會讚許或受歡迎，甚至在歐美是否盛行等等。

為了發揮和培育創造力，我們首先應該重視觀念的獨創性、稀有性、突破性，這些觀念包括產品、創作、管理或教育策略、工作和學習方法、政策創新和執行、服務設計等等。擔任守門人的政策制定和執行者、節目或計畫設計和推動者、教育工作者，應先以創意獨特為關鍵評判標準，然後吸引使用者創新實踐、適度擴散、有效解決問題或改進服務。

創造力是發想新穎獨特，而且適當有用的觀念、創作、策略等等的歷程，新穎獨創是樹幹、有用利人是枝葉，但兩者需要相輔相成。

第二章

幽默也是創造力

根據哈佛大學每日學生報《The Harvard Crimson》報導，哈佛大學校長巴考（Lawrence S. Bocow）確診新冠肺炎，但仍然告訴學生「世界需要你們的勇氣、創造力、智慧來戰勝病毒，希望大家都能健康。」

面對危機時，除了盡快研發疫苗，戰勝病毒外，人們也都應用創造力，發揮幽默、自我解嘲、笑開煩惱、甚至化解不滿。

在這次新冠肺炎的處理過程中，許多人不滿世界衛生組織（WHO）的作為，網路上很快就有人利用WHO和英文單字who（誰）組合了一語雙關的幽默創意。

WHO cares.（世界衛生組織關心您／誰在乎）

美國企業家、作家、創辦全球平等與反霸凌慈善機構的哈奇特（Liam Hackett），則巧妙結合朗朗上口的流行歌《Who let the dogs out?》，於推特上發文：

The World Health Organization has announced that dogs cannot contract Covid-19. Dogs previously held in quarantine can now be released. To be clear, WHO let the dogs out.

（世界衛生組織已經宣布狗不會感染冠狀病毒。之前被隔離的狗狗們現在可以放出來了。隱含的意思是世界衛生組織讓狗狗們出來的）

因為這首流行歌曲隱含女性反擊在宴會中騷擾女性的男人為「狗」，或者我們一般所謂的瘋狗。這意思是在影射「WHO」把病毒放出來，熟悉這首歌的人自然會會心一笑。

這次的新冠肺炎也反映出不同政治體制面對危機時的不同處理方式。大陸的吹哨者李文亮醫師，是集權社會的犧牲品。家長、老師、政府領導人、企業老闆，如果無法傾聽孩子、學生、人民、員工的聲音，就有可能造成這樣不幸的事件。

在〈幽默和創意從傾聽開始〉創造力的激發技巧中有這樣一個笑話，有個小學生，在老師走進教室時，一直舉著手，要跟老師說話（吹哨者），「權威」的老師不讓他說話，最後生氣的告訴學生：「你如果耐不住，一定要說的話，就到外面去，大聲的說十遍！」學生很聽話的走到操場，大聲的說了十遍「老師，你的拉鍊沒拉！」

第二章的九篇文章就在解釋什麼是幽默、幽默和創造力、權威、諷刺，以及學習的關係、如何向兒童學習幽默、如何自我解嘲，好讓我們享受創造力是性感的生活情趣，尤其在面對逆境時。

15 — 幽默和創造力

幽默和創造力的關係是不是真的那麼密切？

心理學家回答這個問題，基本上會從兩個方向著手。

第一個方向，是比較創造力高和創造力低的兩組人，是否具有不同的幽默程度。

芝加哥大學教育心理學家葛佐爾斯（Jacob Getzels）和傑克森（Philip Jackson），以中學生為對象，進行了一項研究，結果發現，創造力高的人果然幽默感也高。後來，他們的同事崔德維爾（Yvonne Treadwell）以大學生為對象，做了類似的研究，結果也是一樣。那麼，社會人士又如何？心理學家其實也曾以各行各業的人士為研究對象，而大部分的結果也都顯示，創造力和幽默感是呈正相關的。

我們也可以從高度創造力和高度幽默感的角度，來看兩者的關係。

根據統計，諾貝爾獎得主當中，約有22%是猶太人後裔，經濟學獎更占了40%，想想看猶太人口總數只占全世界總人口的0.2%。他們或許國籍不同，但猶太人就是猶太人，以「天下沒有白吃的午餐」這個觀念享譽我國的諾貝爾得獎人傅利曼（M. Friedman），就是猶太後裔的美國經濟學家，幾乎人人皆知的愛因斯坦，也是猶太後裔的美國物理學家。

提到愛因斯坦，我們馬上可以聯想到許多發生在他身上或以他之名創造的幽默故事。舉個有關他

演講的幽默故事吧！

愛因斯坦獲得諾貝爾獎之後，經常受邀演講，雖然每次演獎的內容都大同小異，但所到之處，觀眾無不爆滿。他的司機對他的演講內容已經耳熟能詳，終於有一天，他忍不住對愛因斯坦說：「我不知道觀眾為什麼對你那麼瘋狂，想必是慕名而來，不見得是來聽演講的，不信的話，我也可以上台演講！」聽完司機的話，愛因斯坦笑一笑：「好！這一次就由你上台，我在車裡等你。」

於是，他的司機打扮成愛因斯坦的模樣，在台上講得頭頭是道，講完後，果然是全場掌聲如雷。正當得意之際，有位學物理的觀眾提出一個問題，可是這位冒牌的愛因斯坦實在是聽不懂，這時他才恍然明瞭學問的奧妙和難度。不過，他的機智倒是救了他，他想起坐在車裡的正牌愛因斯坦說：「這個問題太簡單了！不必我親自出馬，我的司機就可以回答你。」

愛因斯坦成為全世界知名人士之後，猶太人都以愛因斯坦為榮，所以他們自然地就會以愛因斯坦的相對論作為談話的內容，於是當時的很多笑話都跟相對論有關。

笑話之一：有位猶太籍的太太整天在讀相對論，讀啊讀，讀得很辛苦，就是不了解什麼是相對論。有一天，吃晚飯的時候，她就問先生：「到底什麼是相對論？你可不可以用簡單的幾句話告訴我？」先生想了一想，剛好看到湯裡面有一跟頭髮，於是就說了：「舉個例子給妳聽，如果湯裡面有一根頭髮，那麼這根頭髮就是太多太多，可是如果妳的頭上只有一根頭髮，那麼這根頭髮就是太少太少了！」太太聽了很滿意，點頭表示了解了，先生也非常得意，因為他臨時創造了一個簡單的例子說明什麼是相對論。

笑話之二：先生坐在火爐旁，邊取暖邊看報紙，很是舒服，可是太太卻打斷了他的舒服，不識趣地坐在他腿上，問他什麼是相對論，這位先生於是就地取材表達了他的不滿：「火爐很熱，妳坐在我身上是熱上加熱，但是如果是位美女坐在我身上，我一點都不覺得熱！」

諾貝爾得獎者大部分都是猶太人；在美國，以幽默為業的人，也大部分是猶太人。根據一九七八年《時代雜誌》的文章，在專業的單口相聲演員中，猶太人占了80％。我從這個觀點來看，可以下一個簡單的結論，就是：猶太人是個創造力高，幽默感也高的民族。由此推演：創造跟幽默是有關係的。

為什麼猶太人創造力高，幽默感也高呢？基本上，至少有兩種背後的因素：

第一，猶太人是個求知慾很強的民族，他們自認為是上帝的選民，所以在知識上自我要求很高，並且以家人能拿到最高學位為榮。我過去在猶太大學教書的時候，曾看到一位母親為了要讓子女拿到博士學位，上完班，回到家已經很累，還在替子女的博士論文打字。

第二，儘管猶太人自認是上帝的選民，但是上帝的選民也有遭到挫折的時候——這其中包括被希特勒殲滅的事實，於是他們就發展出一套幽默之道來自處。值得一提的是，他們的幽默往往超越了個人，而達於整個民族，甚至是全人類的層次。最有幽默表現的，像卓別林、伍迪．艾倫（Woody Allen），都是猶太人。一年一度的「世界幽默研究會議」，到現在也都還在不定期地專門討論猶太人的幽默。

也是猶太人，從匈牙利移民到英國的作家和評論家庫斯勒，在他的名著《The Act of Creation》中的見解，正好說明了創造力與幽默的親密關係。他提出「雙聯」（Bisociation）理論詮釋，幽默、科學、

文學、發明等的創造都是連結兩個原本無關的元素之創意作品。

既然創造力跟幽默感息息相關，那麼到底什麼是幽默？我們顯然必須先對幽默有所了解，然後才能體會幽默為什麼和創造相關。

不成為大C的人沒關係，我們至少可以創造幽默，讓生活有趣，讓我們機智反應生活的種種。

16 — 什麼是幽默

幽默可以從三個角度來看。

一種是欣賞和創造的角度。換句話說，有些人會欣賞幽默，有些人則會創造幽默。

我自己有個創造幽默的經驗：多年前，到建國中學演講的時候，有位女老師希望我告訴學生上課不要擠青春痘，這是個很難提起的話題，正在為難時，我遠遠聽到擴音器傳來一首當時很流行的歌曲，於是我對學生說：「如果青春痘會講話，它一定會說：『我生在這裡，我長在這裡，誰都不能欺侮它！』」

幽默也可以從正式、非正式，或者專業、業餘的角度來看。

在台灣，到最近才有人是靠講笑話吃飯的，但是在以色列——一個人口比我們少、建國史比我們短的國家，已經有專業的喜劇演員，另外像美國的鮑伯霍伯、露西鮑兒以及「三人行」裡的男主角等，他們都是專業的，而且收入很高；業餘，指的是和專業相對，比如像你、我都是。

幽默還可以從自發性和非自發性來分。

所謂自發性，是指有些人隨口說出一些話，不是故意的，可是人家就覺得很好笑，比如有位教統計學教得很好的名教授，他在黑板上寫了一些運算程式讓學生演算，不料學生發現其中有錯，他很自

然地「招供」：「我不知道啊，因為我也是抄別人的！」結果惹得哄堂大笑；相對於自發性的，是非自發性的，也就是指故意的、有備而來的幽默。

幽默的歷程

前面談過，簡單的創造歷程是「原來無關的兩個以上的人、觀念或物體，經過結合的歷程，最後產生一個獨特的作品，而這個作品是令人驚訝的」，幽默的歷程跟創造的歷程其實是一樣的，只不過結果除了讓人驚訝外，還多了份驚喜。

我們來看一個例子，這個例子我非常喜歡舉：

有個吝嗇的男孩子和女孩子約會，整個晚上都是各付各的帳，等到約會結束，男孩子想跟女孩子吻別時，彆了一肚子氣的女孩子開口了：「既然今天晚上我們都是各付各的，那麼我們也各吻各的吧！」於是女孩在自己的手背吻了一下之後，就和男孩說拜拜了。

付帳和吻別，原來並不相關，但是這位聰明的女孩卻用「各——各——」把它們串連起來，而結果令人驚訝且驚喜，所以這是個創造的歷程，也是個幽默的歷程。

幽默的功能

・幽默有很多功能，第一個功能是化解不滿

我們每個人在一生的成長當中，都有一些不滿，比如小孩子對父母親不滿、學生對老師不滿，或者老百姓對政府不滿等等，這些不滿的情緒都可以用幽默解脫，所以一個社會如果要把不滿消化掉的話，最好的方法之一，就是有多一點的機會讓大家講或聽幽默的故事。

比如有對夫妻吵架，丈夫對太太說：「妳這種講話的方式，簡直是把我當作白痴！」太太回先生說：「如果我不這樣講的話，你能夠聽得懂嗎！」本來兩個人都有不滿的，但是講完了就好了。

・幽默的第二功能是跟性有關的

很少有社會把性這件事情非常自信地列入正規教育，可是我們對性又特別敏感，既愛它又怕它，這真的是非常矛盾，所以很多人就透過幽默，把對性的享受、害怕與失望表達出來。

比如一位中年太太去看醫生：「不曉得為什麼，我跟先生在做那件事的時候，不是熱得半死，就是冷得半死！」醫生一聽，果然是問題不小，追問之下，只見那位太太慢條斯理回答：「我也不知道啊，我只記得做那件事的時候，一次是在夏天，一次是在冬天！」

・幽默的第三個功能是可以促進人際關係

創造力極高的專欄作家包可華在自傳裡寫道：「小時候，我有一段時間是在孤兒院渡過的，但是我很快就學會了一件事情，那就是講笑話。我講笑話給大家聽的時候，我發現大家不僅喜歡我，接受我，甚至還欣賞我，所以從那時候起，我知道，我這一生要講笑話。」包可華的幽默，就是這樣來的。

・自我解嘲，是幽默的第四功能

我們每個人都有缺點，當缺點無法改善時，不妨以此自我解嘲。

我的個子不算矮，但是跟紀政一起就顯得矮，尤其那一天她又穿著高跟鞋，所以當紀政和我打完招呼，很自然地把手搭在我肩上時，如果我不能自我解嘲，反而惱羞成怒：「妳以為我是妳兒子是不是！」那就完全把氣氛搞砸了！所以幽默就是接納自己的缺點，然後開自己的玩笑。

・幽默的第五個功能是幫助學習

美國心理學家做的實驗發現，在考卷裡面放一些幽默的笑話，考試焦慮特高的學生看了之後心情會比較輕鬆，考試的成績也比較好。

幽默的種類

幽默的種類很多，比較常見的大致可分為十種：

第一種是無意義的。比如電視上，明星穿上大胖子裝，在那裡撞來撞去，這是無意義的，但還是惹得你哈哈大笑；又如人家問你：「雞為什麼要從馬路的這走到那邊？」你想了半天想不出來，那人卻幸災樂禍地說：「因為雞要過馬路！」這也是無意義的。

第二種是反抗權威的。老師問學生：「你認為『笨』有多高？」學生抬頭望了一下老師：「老師，你有多高？」媽媽要小孩發誓以後不再玩水，小孩的誓是這樣發的：「以後如果我再玩水的話，我就是母狗生的！」

第三種是種族的。華人的笑話很少涉及種族，但是美國的種族笑話卻是一籮筐，舉個例子：一位猶太人到了紐約中國城，問：「在中國，有沒有 Jews？」這位開雜貨店的香港移民人想了一想：「What kind of juice，我們有 orange juice, tomato juice，就是沒有 Chinese juice。」猶太人創造了這個笑話，來說明華人對猶太人沒有種族偏見，但美國的白人卻有。

第四種是政治類的。美國總統雷根到加拿大國會演講，突然有個國會議員很大聲：「你們美國人怎麼可以干涉尼加拉瓜的內政！」雷根聽了當時很下不了台，但是他靜下來，答：「Is there any acho there?」（那邊有沒有回聲），全等著看雷根出醜或反應的議員，頓時哈哈大笑。雷根這回答有兩種意思，一是你的聲音很遠就可聽到，不必那麼大聲，二是你替尼加拉瓜講話，但尼加拉瓜有沒有反應呢？一語雙關。

第五種是跟性有關的，想必開放的你對這類的笑話已不陌生，害羞的我就不在這裡多說。

第六種是諷刺的。

蕭伯納推出新戲，寄了兩張票給邱吉爾（Winston Churchill）：「歡迎你跟你的朋友一起來看，如果你還有朋友的話！」沒想到邱吉爾把票退回：「我下一場再看，如果還有第二場的話！」

蕭伯納參加舞會，看見一位小姐孤單地坐在那裡，於是便好心邀她跳舞，沒想到這位小姐不識好歹：「在這麼多美麗小姐中，為什麼你獨獨請我跳舞呢？」「這不是慈善晚會嗎？」蕭伯納回答。

人緣不佳的林小姐生病住院，陳小姐去看她。「真不好意思，我生病生這麼久，妳們代替我的工作很辛苦吧！」陳小姐回答：「也不會啦，我們分工合作嘛！我負責打字、李小姐負責打毛線，黃小姐負責跟老闆打情罵俏！」

第七種是有關死亡或病痛的，也就是一般所謂的黑色笑話。

一位高中女生，每天回家都要經過一堆墳墓。這天，她參加完同學的慶生舞會之後，發現天色已晚，又忘了叫爸爸接她，於是她就站在路邊等，希望找個人結伴而過。等啊等，好不容易看見一位老先生經過，於是她就請老先生陪她一起走，等走過墳墓以後，她跟老先生說：「謝謝！可是很奇怪，為什麼你不怕鬼呢？」老先生回答：「在我死以前我很怕，可是我現在不怕了！」

第八種是消化系統類的。

我老了，可是很多朋友見到我都說：「這麼多年來，你怎麼都沒有變呢？」我總是回答：「大變沒有，小變總有吧！」

小孩子上幼兒園被編為一號，可是卻不高興：「不要，不要，一號臭臭我不要！」

第九種是屬於人生哲學類的。

有位父親看到孩子們一天到晚在爭執，實在很頭疼，於是他想出一個辦法，告訴孩子團結的重要。他去買了一串香蕉，叫小孩子每個人吃一根，小孩子很自然地就剝下來吃，這時他突然喊：「不要動，你們看，當香蕉離開團體之後，每一根都被剝皮！」

最後一種是機智的、解危的幽默。

有位先生臨時被派出差，回家拿衣物時，發現太太竟然躺在另一位男人的懷裡，氣憤地說：「好！我現在什麼都知道了！」太太話鋒一轉：「你真的什麼都知道了？好，那我問你，中國最後一位皇帝是誰？」

先生出國半年回來，太太很擔心：「你老實告訴我，在這半年當中，你有沒有跟別的女人怎麼樣？」先生情急之下，剛好看到牆上日曆有八個字，便答道：「在這半年當中，我都是『莊敬自強，自立更生』。」

幽默的技巧

看完幽默的十種內容之後，也許你已經發現構成幽默的三要素——意外、矛盾和時間上的關鍵，因此，我們就可以運用一些技巧來創造幽默。

最簡單的一種技巧是模倣，比如有人聽了這則笑話——媽媽罵女兒：「哪有女孩子這樣哭的！」

滿臉淚水的女兒沒意會過來：「那我應該怎麼哭？」之後，就依樣畫葫蘆創造出下面這則笑話——小男孩在路旁小便被警察抓到了，警察告訴他：「以後不可以站在路旁小便！」「那蹲著小便可不可以？」小男孩問。

另外一種技巧是利用文字或聲音的遊戲。舉例來說，在產房外枯等著太太生產的先生發現是虛驚一場時，有點不耐煩：「他媽的！等待真是難過！」沒想到太太指著自己身上隆起的肚子回他一句：「『他媽』的等待才真是難過！」

此外，**層次的轉換**（比如前面那位「自立更生」的丈夫）、**注意方向的轉移**（比如前面那位被丈夫「什麼都知道」了的太太）、**整體與局部的互換**（比如前面那位去探病的陳小姐）、**諷刺對立**（比如前面的蕭伯納和邱吉爾）、角色的改變（比如前面那位愛因斯坦的司機）……等等，都是很好的創造幽默的技巧。

水平思考或反向思考可以代表層次的轉換之技巧。

最近網路上又開始因新冠肺炎而改編的反向思考之幽默就是一例。

在一架即將墜毀的飛機上，共有美國總統川普、英國首相強生、德國總理梅克爾、羅馬天主教教皇和一個十歲男生，共五名乘客，只有四個降落傘。

川普說：「我需要一個。我是美國最聰明的人，需要解決世界上的問題！」拿了一個並往下跳。

強生說：「我需要解決英國和歐盟的難題。」他拿了一個，接著往下跳。

教皇說：「我需要一個，因為世界需要天主教。」他拿了一個，接著往下跳。

梅克爾對十歲的孩子說：「最後一個給你。我好好活過了，你是未來的希望。好好為你自己、為世界盡心盡力。」

十歲的孩子感激且興奮地回答：「不用擔心，還剩下兩個降落傘，最聰明的人拿的是我的背包。」

從垂直思考的推論，最後兩人一老一少，應該有一個人沒有降落傘。

可是，水平思考翻轉了推理，小朋友話鋒反轉，諷刺了自認最聰明的愚蠢。

面臨危機處理時，這個笑話的模式就被用來諷刺當時必須處理危機的領袖，但這個笑話最早卻在諷刺自以為是或被社會推崇的行業，律師最常被整。

反向思考的笑話節奏可以從兩拍、三拍、四拍到最後的爆發點。

四位女士在炫耀丈夫的聰明與重要性時，第一位太太說：「我先生是律師，為眾人爭取公平正義，他的腦最值錢。」第二位太太則說：「我先生是泌尿科醫生，必須日理萬『機』，他的腦更重要。」第三位太太說：「我先生是立委，為民喉舌，當然貴重。」這時，第四位太太面無表情地嘆一口氣，然後說：「我先生的腦最貴、最稀有，因為是全新的。」

更機智的反向思考則只要兩拍。一位領袖正在發表政見，講了幾分鐘之後，突然一位聽眾超大聲地說：「垃圾！狗屎！」這位領袖不疾不徐地說：「謝謝這位民眾這麼關心環保議題，這也正是我接著要談的環保政策。」

集編導演為一身的李國修，將這種幽默簡稱為「後面否定前面」，這是我們人人可以演練的技巧。

17 幽默可以促進創造力

雖然我們了解了幽默是什麼，以及幽默也是一種創造過程的道理，但是到目前為止，我們只能說「幽默感高的人，創造力也高」或者「創造力高的人，幽默感也高」，而不能直接推斷幽默可以促進創造力。

到底幽默可不可以促進創造力？心理學從實驗的角度來答覆這個問題，如果實驗結果真的顯示幽默可以促進創造力，那麼我們以後就可以「種瓜得瓜，種豆得豆」。很有意思的是，進行這些實驗的，也大部分是猶太人。

第一位研究這個問題的，是在以色列的猶太人軔夫（Avner Ziv），他把二八二位高中二年級的學生（其中男生一三八位，女生一四四位）隨機分成兩組，一組讓他們聽笑話唱片，一組聽普通的音樂唱片，聽完之後，讓兩組學生做「拓弄思創造力測驗」（Torrance Test of Creative Thinking, TTCT），然後依分數的高低來推斷幽默是否可以促進創造力。

等那兩組學生做過測驗之後，結果顯示，聽笑話唱片那組學生在創造力上的表現，果然是比沒聽笑話唱片的那組學生要顯著地高。這項實驗告訴我們一個結論：在創造之前，如果你聽了幽默笑話，那麼你的創造力的表現就會增加！

為什麼幽默會促進創造力呢？

心理學家的解釋是，有些人在創造時，可能是鑽入牛角尖而無法跳出來，或者是因為一直在思考，新的觀念無法進來；也有些人是因為情緒不好或害怕被批評，也就是所謂「阻礙創造思考的因素」都來了等等；另外有些人則是因為生活固定不變，所能思考的有限。可是一旦人的心情在愉快的狀態下，包容力會變得比較強，這時腦筋裡面好像很多窗戶都打開了，於是很多新觀念就進來了，於是觀念與觀念間的串連就像行雲流水一般。基本上，心理學家對幽默可以促進創造力的解釋是這樣的。

拓弄思（Ellis Torrance）是我在美國的老師，也是我在美國的第一位上司，他研究出的這套測驗創造力的方法，已被世界廣為運用，在國內，我已經把它修定成適合華人使用的測量創造力的工具，前面提過的「空罐子有多少用途？」就是「拓弄思創造力測驗」裡面的測驗方法之一。

如果不是聽笑話唱片，而是看喜劇影片，會不會也有同樣的效果？

美國馬利蘭大學心理學艾森（Alice Isen）教授隨機將六十五位大學生分成三組，一組看喜劇穿幫鏡頭，一組看數學教學影片，一組看納粹集中營殘酷影片（過去的實驗已證實，看穿幫鏡頭心情會變好，看數學影片心情不受影響，看納料影片心情會變壞），看完之後，讓學生在十分鐘之內解決同樣的問題——桌上有一盒圖釘、一包火柴，一根蠟燭，牆上有一塊軟木板，如何將點燃的蠟燭直立固定在軟木板上？

比較富有創意的解決是，先把圖釘倒出來，再用圖釘把空盒子釘在軟木板上當作燭台，這樣蠟燭就可以藉著燭台，被直立地固定在軟木板上了。這個解決的關鍵在於把圖釘和盒子的原有關係打破，

不再固著於「盒子裝圖釘」，而進一步突破成「圖釘釘盒子」，並且把盒子當做燭台。

十分鐘之後，艾森教授統計了三組學生的解法，發現看穿幫鏡頭的學生中，有75%正確解決問題，而看數學影片和納粹影片的學生，都只有約20%的人正確解決問題。這個實驗結果告訴我們：心情好可以激發創意解決問題，而心情普通和心情不好的人，在解決問題的創意上並沒有什麼差異，都是表現平平。

這個結果和我們一向認為的「創作是心情不好之下的產品」有所不同。你當然可以將失戀的情緒經驗昇華為創作內容，但是有創意的表現，還是得在心情好的時候來創作。有些人在失戀或失意創造出好的作品，其實在當時，他們也曾用過很多方法來使心情轉好，我們比較熟知有：藉酒消愁、抽煙放鬆、散步旅行等，現在你知道了還有一種很好的辦法，就是運用幽默！

幽默的確可以促進創造力！

所以當你需要創造的時候，不管是想點子、考試、寫作、解決問題或化解人際關係衝突，如果因為面臨阻礙而心情不好，這時你不妨去聽笑話唱片、看喜劇電影、閱讀幽默故事，等你真正笑開之後，再回頭來創造，這樣，即使萬一你沒有把問題解決得很完美，但起碼你已經從憂鬱的深谷跳出來了！

18 — 向孩子學習幽默感！

二〇一〇年七月下旬我在哈爾濱，對七百位中小學老師和校長演講，會後一位老師問我：「既然培養幽默感可以增進創造力，那我該如何培養幽默感呢？」

原來她女兒總是說她太沒有幽默感。女兒回家後總會提出一些問題要她回答，而她每次都回答不出來，也不覺得好笑，最後女兒都會邊講邊笑說出答案。譬如有一次女兒問：「兔子的眼睛為什麼是紅的？」她說：「我真的答不出來，然後女兒咯咯的笑著說：『因為兔子比賽跑輸烏龜，所以哭紅了眼睛！』」這是非常典型的腦筋急轉彎，是小孩水平思考的運用。

其實大人可以向孩子學習幽默感。兒童平均一天至少笑三百次，而大人只有十五次。嬰兒的幽默感主要是來自父母，父母的面孔和行為是他學會幽默的素材。六個月大的嬰兒已經能體驗父母在安全範圍內所表現出與平常不同的行為，如做鬼臉或發出動物的聲響。為什麼這些行為會讓兒童覺得有趣？父母所表現的新奇、驚訝、不一致，都會引起小朋友的好奇心，而這些刺激也是幽默感和創造力的基本元素。

絕大多數父母會用這樣的方式逗小孩笑，可是等到孩子稍微長大後，父母開始扮演傳統教師的角色時，就忽略兒童的好奇心，也失去自己的赤子之心。

向兒童學習的第一課，就是保持與生俱來的好奇心，對意外的、新奇的、互相矛盾的事情與刺激充滿興趣，並且與兒童互動互逗、開懷大笑。五歲的兒童已經開始懂得字謎等語言的幽默，到了六、七歲便開始懂得一些雙關語的笑話，這個時期的兒童最喜歡腦筋急轉彎的笑話。

父母師長要向兒童學習的第二課，就是蒐集各種腦筋急轉彎的笑話集，發揮一休和尚和他身邊人物的精神和言行，經常互相考問，製造樂趣。

成人向兒童學習的第三課，是欣賞兒童不是刻意卻自然流露的幽默。一位媽媽向朋友述說丈夫的不是，突然轉頭問旁邊的小兒子：「如果爸爸媽媽吵架，你要站在哪一邊？」孩子想了一下，口吻堅定的說：「站旁邊！」

兒子跟女兒在客廳裡玩耍，兒子翹著二郎腿坐在椅子上看報紙，女兒在旁邊大聲的指指點點，數落著弟弟的不是。母親從廚房跑出來說：「小莉，你難道不能學你弟弟一樣坐在那裡安靜看書嗎？」小莉說：「媽，我們在扮家家酒啦，弟弟在演爸爸，我在演妳。」

研究兒童幽默感的心理學家麥吉（Paul McGhee），歸納研究的結果指出，幽默對兒童的智慧、社會和情緒各方面的能力和行為，都有很大的助益。幽默其實是以語言為主要思考工具的智慧遊戲，語言的幽默包含一語雙關的創意，不僅可以培養兒童的創造力，也可以增加字彙和閱讀的技巧。幽默也能幫助兒童管理情緒，建立友好關係和自尊。

其實幽默感對兒童和成人都一樣重要，大人想要培養幽默感就向兒童學習，一天笑三十次應該不難吧！

19 幽默和創意從傾聽開始

一位教學認真的小學老師，叫同學不要講話，其中一位同學站起來說：「老師！你……」老師插嘴說：「不要講話！」這樣的對白重複幾次後，老師生氣的說：「叫你不要講話就不要講話，你這麼愛說，就到操場把你要說的話大聲說十遍！」他只好走到外面大聲說：「老師，你的拉鍊沒有拉！」幾乎全校的師生都聽見了。如果這位老師稍微傾聽一下，讓學生把話講完，就不會這麼尷尬了。除非老師潛在地希望成為全校「注目」的「校紅」。

插嘴或打斷對方的話，是傾聽最大的殺手。這種現象不僅發生在教室裡，也發生在家裡。一位小女生從學校回來，告訴母親：「媽，今天老師懲罰我根本沒有做的事情。」媽媽生氣的說：「不行，我一定要跟老師理論。」停了一下，媽媽才問：「妳沒有做的事情到底是什麼？」女兒說：「我的家庭作業。」

三十年前我跟一群小學生進行句子完成遊戲時，其中一個題目是「媽媽……」，很多同學都寫了類似「媽媽就是我話還沒有說完，就急著插嘴的女人」。三十年後的今天，這種插嘴、打斷別人說話的現象仍然普遍，不僅發生在學校和家裡，更常發生在議會的質詢、記者的訪問和主持節目的互動中。

為什麼人家講話時要插嘴？不專心聽講，心裡一直在想自己要表達的意見或辯解，過於擔心對方

不知道答案、對對方有偏見等都是原因。

有效的傾聽就是除了注意內容和訊息外，也要傾聽對方的感受。如果聽不清楚，就要請對方再說一遍，還要適時提出問題，表示對對方談話內容感興趣。為了驗證自己的確傾聽清楚，也為了避免衝動插嘴，在聽完對方完整的內容之後，扼要的把對方的話做個摘要，然後再表達自己的意見或辯解。

物理老師說：「牛頓坐在樹下，被掉下來的蘋果打到頭，就這樣發現了萬有引力，多棒啊！」一位學生回答：「老師，牛頓的確是因為坐在樹下，從蘋果掉下來的事件發現了萬有引力。可是，如果他一直像我們這樣坐在教室裡聽講看書，他就不可能發現任何東西。」他顯然對老師在台上拚命講話或照本宣科很不喜歡，可是在講話之前，他卻能正確擷取老師的談話重點。

愛因斯坦說：「如果A等於成功，那麼成功的公式就是A＝X＋Y＋Z，X代表工作，Y代表玩樂，而Z則是閉嘴。」他所謂的閉嘴就是傾聽。海明威說：「我喜歡傾聽，我從細心的傾聽中學到很多。」

既然大科學家和大文學家都認為傾聽很重要，那有沒有研究證據呢?英國學者史密斯（Lindsay Smith）進行了一項為期十個星期的實驗，三十五位小學生每星期個別和一位訓練有素的成人進行半小時的說和聽。結果說明了：增加兒童被訓練有素的成人傾聽的機會，他們的學習和行為效果就會顯著增進。

父母在孩子說話時急於插嘴，老闆以為自己位高錢多，不信員工會有什麼好意見，政府官員不接地氣傾聽基層心聲，可能失去了許多笑聲的機會。

20 — 開明權威的教養方式

李太太讓女兒從幼兒園就開始上英文課。有一天女兒從補習班回來，蹦蹦跳跳、很興奮的說：「媽，好噁心喔，吃午餐的時候我看到蟑螂。」媽媽馬上問：「蟑螂怎麼說？」女兒回答：「蟑螂一句話都沒說！」李太太問蟑螂怎麼說，當然是問蟑螂的英文怎麼說；而女兒的理解是蟑螂有沒有對她說什麼話。這個廣為流傳的小故事，可反映出媽媽對孩子的「要求」與「反應」。媽媽嚴格「要求」孩子隨時隨地學好英文，也扮演老師的角色隨時隨地教導；孩子會興奮的報告大小事情，很可能覺得媽媽的「反應」是因愛而督導他。

不久以前，美國耶魯大學法律系華裔教授蔡美兒（Amy Chua）出版的新書《虎媽的戰歌》（*Battle Hymn of the Tiger Mother*），在美國和中國大陸引起東西方——尤其是美國式和中國式——教養方式的熱烈辯論。父母關心的是如何找到最適當的方式，教養自己的孩子；學者專家則在研究東西方不同教養方式對孩子的影響。

二〇一〇年八月上任的韓國教育部長說：「在韓國，每個父母都認為自己是兒童教育專家。」蔡美兒在《虎媽的戰歌》中寫她教養兩個女兒的心路歷程，也以專家筆調論述東西方、或更具體的中國和美國的不同教養方式，加上媒體渲染，才會引起強烈論戰。

兒童心理學家主要是從父母對子女的要求和反應兩個向度，界定出四種不同的教養方式。

一、開明權威型

父母對子女的要求嚴格，並會監督子女的行為；但同時也會以開明接納的方式面對子女表現。雙方的互動溝通良好，孩子也可參與決策和討論。

二、寬鬆放任型

父母不會特別要求子女如何表現，也比較沒有掌控的意圖；但會以溫暖開明的方式誘導和反應子女的表現。是以子女為中心的教養方式。

三、專制權威型

對子女要求嚴格、限制很多，時時都想掌控；常拒絕子女的要求，對子女表現也比較吝於給予溫暖的回應。是典型以父母為中心的教養方式。

四、忽視冷漠型

父母有點讓孩子自生自滅，很少提出要求；對子女的表現，不管好壞都很少反應，讓孩子覺得父母對他們忽視又冷漠。

根據政大退休教授王鐘和以小學生為對象所做的研究，兒童最滿意的管教方式是開明權威，最不滿意的是忽視冷漠；在開明權威教養下的子女，學業成績較好、自尊較高、偏差行為也比較少。

多數旅美華裔母親的管教方式比較接近開明權威的類型，雖然要求嚴格、掌控緊密；但他們的反應通常會讓子女認為：母親是因愛而嚴加管教。《虎媽的戰歌》中所謂的東西教養方式不同，以及後

來的辯論，似乎都在強化專制權威和寬鬆放任兩種類型的差異。

辯論歸辯論、爭執歸爭執，不論東方或西方，開明權威並重視孩子的性向和興趣，還是比較適當的教養方式。

這四種「教養方式」也可以用來解釋成人世界中主管對員工的「管理方式」。

21 諷刺要幽默

讀國中的小娟正在看電視，爸爸說：「小娟，妳很聰明哦！不用看書，明天的考試也能考得很好是不是？」小娟回頭看爸爸一眼，笑著說：「有聰明的爸爸，就有聰明的女兒，這就是有其父必有其女。」然後乖乖進了書房。

小雲也有類似的經驗，不過她爸爸是生氣的指責她：「看什麼電視，還不趕快去準備明天的考試。」害得小雲氣沖沖的跑進書房。

同樣是生氣女兒不用功準備考試，小雲爸爸直接表達生氣的情緒，而小娟爸爸則用諷刺性的語言。

心理學家格倫懷特（Melanie Glenwright）發現，兒童六歲時已經可以辨認諷刺的概念，但到了十歲才能了解諷刺中的幽默。

當我們面對諷刺時，通常會先在腦海中認知處理聽到的字面意義，再根據對方的臉部表情、聲調以及和對方熟悉的程度，找出語文背後的真正意涵，感知到對方的諷刺而做出不同反應。有人會笑出來，有人會冷處理，也有人會可愛的反諷回去，那就是小娟對爸爸的反應。

小娟和爸爸關係親密，使用諷刺性的幽默語言互動，應是家常便飯。國中的她也會根據爸爸的表

情和聲調，了解爸爸只是運用諷刺性的幽默希望她趕快去讀書。

諷刺語言和憤怒情緒，在人際關係中經常發生。例如，太太看媒體報導有些釣魚場所會有美女作陪，決定陪丈夫去釣魚，覺得無聊的太太一直吵個不停，看到魚上鉤了，竟說：「這條魚好可憐哦！」丈夫冷冷的說：「是啊！只要閉嘴不就沒事了嗎？」丈夫不直接罵太太，反而用諷刺表達他的不悅。

以色列的教授米倫－史派克特（Ella Miron-Spektor）等人，讓大學生傾聽服務人員與顧客間的對話：有些人聽到的是顧客憤怒的指責，例如「你的服務非常沒有效率」；有些人聽到的是諷刺的話，例如「你的服務速度和烏龜一樣快」。之後要他們解決問題，聽了憤怒語言的大學生，努力解決分析的問題；聽了諷刺性幽默對話的學生，則解決創造力問題的表現較好。

當青少年接觸到憤怒的對話時，也許會暫時使他們比較努力，但卻阻礙了創意發想。如果非要生氣不可，可改用諷刺性幽默，至少讓對方聽到後，在解決創意問題方面，不會受到阻礙。幽默而不生氣，有助於解決創意問題。

對孩子的諷刺性幽默要運用得宜，對事而不對人。如果非要對人，一定要像小娟和爸爸那樣的關係，加上小娟成績不錯，很受父母信任才可以。千萬不要讓敏感的孩子覺得父母在責難他、不愛他，而影響孩子的自尊。

其實心理學家的研究都一再驗證，直接表達生氣，或讓對方覺察不出幽默的諷刺，對孩子、對大人都不好。

22 — 取笑別人前，要先自嘲幽默

生命不是完美的，凡人總會有缺憾，幽默就是面對和適應這些不完美及缺憾的良藥。嘲弄自己、取笑別人或互相吐槽的幽默，因而豐富了喜劇和相聲的題材，但揶揄別人之前，要先懂得開自己玩笑。

幽默大師林語堂認為，「最精微、最純粹的幽默，便是能逗引人發出一種含有思想並發人深省的笑耍」。有些個人的缺憾不是自己選擇的，譬如身體的殘障。二〇一三年，《英國達人秀》節目中，一位十四歲、因先天性腦性麻痺必須依靠輪椅行動的男生卡洛（Jack Carroll）的單口相聲，贏得在場聽眾和評審委員的喝采，是他適應身體的不便及解決所遭遇問題的自嘲幽默，和他的「弱點就是強項」的樂觀、勇氣和創意，征服了大家。

他對觀眾說：「你們知道什麼事讓我受不了嗎？（Do you know what I can't stand ?）不好意思，讓我再強調一下。你們知道什麼嗎？我無法站立。（Do you know what ? I can't stand.）但是從好的一方面看，我永遠不需要在迪士尼樂園排隊。」他對生命的熱情、具人情味有創意的運用「stand」這個字一語雙關的自嘲幽默，反轉了人生的缺憾。

一位小學老師以人生價值的抉擇為教學主題，點名小順，問：「金錢和智慧兩者，你要選擇什麼？」小順毫不猶疑地說：「金錢。」老師不以為然地表示他自己會選智慧，然後反問小順：「你知

道為什麼嗎？」小順立即回答：「因為人缺少什麼，就想要什麼。」其實小順並不是要嘲弄老師，而是他真的缺錢。人世間許多人的確缺錢，而身為老師也應該反省在多元智慧和世事快速變化中，容易缺少智慧的常情。傾聽孩子的回答後，老師可以其他同事分享。

英國基爾大學的心理學教授福斯（Claire Fox）等人，以一二三四名十一到十三歲少年為對象所做的研究發現，正面因應困境、自曝缺點扮演班上小丑而釋放親和的幽默，讓大家笑開、忘卻煩惱，的確可以增進人際關係，但如果過度自貶，反而容易惹來同學的霸凌。

美國新墨西哥大學人類學和心理學的兩位教授格林格羅斯（Gil Greengross）和米勒（Geoffrey F. Miller）以九十六位大學生為對象所做的實驗，發現自我嘲笑的要比嘲笑別人的更受歡迎，這種現象卻不存在於被認為地位較低者。高地位的大學生能夠放下身段自嘲，比較會吸引異性的喜愛。

了解並發揮自己的長處，同時接納或轉化不能改變的缺憾為溝通優點，這樣的幽默能夠促進人際關係，這就是加德納八大智慧中的內省和人際智慧，也就是美國耶魯大學校長沙洛維（Peter Salovey）提出的情緒智力或ＥＱ內涵。

好面子的台灣，的確需要不流於貶己損人而能拿捏妥當自我嘲笑和互相吐槽的幽默。尤其那些被認為在某一方面成功的成人和成績好的學生，可以透過自嘲幽默減低焦慮，發揮創意、潤滑人際關係。

23 — 自我解嘲發揮幽默力

二〇〇一年由吳念真編導，綠光劇團製作的《人間條件》首演時，劇中的對話心情讓我笑中帶淚，在不好意思的情況下，偷看鄰座觀眾的反應，原來他們也像我一樣的感同身受。

《人間條件》裡的阿媽，自律甚嚴、體貼別人，想要有尊嚴的活著。麻煩的是，她是個具姿色的寡婦，卻有個調皮的兒子；而且，她所幫傭的老闆，明白事理而且有魅力。在一個健康的社會裡，關心別人是很正常的行為，但她所屬的處境，卻讓她遭到許多誤解。她身旁的許多人，大多懷疑她覬覦老闆的外在條件，她不願也不必多作解釋，更何況兩人之間的人情溫暖參雜了似有若無的異性吸引，就這樣讓自己帶著許多委屈和謎題離開人間。

從理性的角度思考，人死後是不可能再回到人間的，可是戲劇卻可以創意假設。《人間條件》在劇場，編導讓死後的人重返人間，打破條件的限制而彌補心中的缺憾。阿媽就讀高中的孫女阿美因為父親工作忙碌，母親精神恍惚，掃墓的當天，父母又因為選舉關係而必須隨團出遊，她只好受命一人去拜祭阿媽的墓。阿媽還活著時，她有心事都會向阿媽傾吐，阿媽總能關懷地傾聽，祭拜時因無旁人

在場，她也很自然地對著墳墓裡的阿媽傾吐心聲：她的夢想、她的戀愛、她的功課、她對父母的意見、她的生活、她的挫折，越說越順，居然還像念幼兒園時，唱歌表演給阿媽看；因為以前不管唱得好不好，阿媽都會讚美，現在的她再也聽不到掌聲，取而代之的是要求和責罵。當她傾吐也表演完後，透過擲筊杯想問阿媽祭品是否享用完畢，阿美還催阿媽：「平常妳都吃很快，今天怎麼吃那麼久，妳沒吃完我怎麼吃啊！」

人在成長的過程中，很有可能發生這類事件，阿媽就這樣附在這位長得很像自己的孫女阿美的身上，一起回家。劇中黃韻玲一人飾演二角，一會兒是阿媽，一會是阿美，這種不定時的角色轉換創造了許多「笑果」。阿媽和孫女雖然有血緣關係，也長得很像，卻是兩個年齡差距很大的獨立個體，在舞台上表演時，這兩個獨立的個體合而為一，這就是創意；這個創意同時也串連了陰陽兩界，劇場裡的笑聲不斷，真的應驗了「觀賞喜劇能笑開煩惱」的效果，這就是幽默的力量。

幽默的確可以讓我們笑開煩惱，觀賞喜劇只是其中之一，我們當然也可以透過收集並閱讀幽默故事、看漫畫、聽別人說笑，或在日常生活中主動發現幽默。幽默不僅可以笑開煩惱，幽默也可以因笑開煩惱而心情愉快，促進身心健康，所謂「一日三笑，百病跑掉」是有道理的誇張。

幽默也的確可以幫助創意思考，心理學家艾森將大學生隨機分組，一組欣賞穿幫鏡頭的影片，這組就叫幽默組，另一組則觀賞幾何圖形的影片，這組叫控制組。最後艾森要求參與實驗的大學生解決相同的問題，成功地解決這個問題需要創意思考，結果看影片而大笑的幽默組解決問題的速度和結果，顯著地比控制組又快又好。

幽默也可以潤滑人際關係。記得美國總統柯林頓（Bill Clinton）即將卸任時，他依年度慣例邀請一千多名媒體記者和其他名人參加年終酒會，會中播放一部柯林頓拍的短片自我解嘲，例如卸任後只能留在家看狗、澆花等等，當時與會的人都大笑不已。人在笑後心情特別好，心情好時即使刻薄的人也不再那麼刻薄了。學生希望老師上課幽默，老闆也希望雇用幽默又認真會做事的員工，因為大家都相信幽默可用來潤滑人際關係。

幽默是不是可以培養，可以訓練？當然可以，我認為自我解嘲是跨出幽默的第一步。我很喜歡也常講的一個故事是：英國的首相邱吉爾因為說話尖銳，得罪不少人也常被誤為沒有知心好友；蕭伯納是個傑出的劇作家，劇作家最擔心的是自以為很好的作品演出時沒有票房。蕭伯納在他的一齣新戲首演前寄了兩張入場券給邱吉爾，同時附上一張短箋：「邱吉爾先生，我的新戲就要上演，送上兩張票邀請您與您的朋友一起前來觀賞，如果您還有好友的話。」邱吉爾在同一張紙條上寫了幾句話，並將兩張入場券一起退回：「我與我的好友一定來觀賞您第二場的演出，如果您還有第二場的話。」交友和看戲是兩件無關的事，因為「如果還有……」的創意點子，串連原本無關的交友和看戲，結果讓兩人互相嘲笑，也自我調侃，笑開煩惱，解除緊張，知心溝通，這就是幽默的力量。

許多研究幽默的學者發現：「自我解嘲」是幽默感的重要基礎。

活在人間，人一定會有大大小小的缺憾。眼睛太小、個子不高、能言善道卻數學不好，長袖善舞上了台卻結結巴巴……這些個人的缺憾，都是人間不大不小的受限條件。眼睛可以放大，但也不一定要開刀；個子小，可以穿高跟鞋但也可以打赤腳；數學能力也許天生不強，但有增進的空間，至少可

以從「多元智慧」的角度發現「天生我材必有用」的道理，並發揮自己擅長的其他潛能。想要改變也可以改變的，那就去改變，可以改變但沒必要改變的、不能改變的就放棄改變，關鍵在於人要懂得「接納缺憾」而自我解嘲。

對於別人的自我解嘲可以哈哈大笑的人，也許是因為發現別人沒自己好而沾沾自喜，但也有可能是因為依稀感受到自己終究還是有缺憾而將之合理化，跟著也就自我解嘲起來。《人間條件》裡的阿媽在天堂裡遇到老闆的司機，得知她有些暗戀的老闆居然也來參加她的葬禮後，因為陰陽兩隔而無法當面表達感恩的心情與了解老闆對她的心意，不免遺憾，就因為編導成功的驗證創意假設，阿媽才有機會完成彌補心願，這也可能就是編導激發觀眾感同身受的動機，而觀眾笑中帶淚的反應正是同理心的「心有靈犀一點通」。

最好的幽默其實是要懂得超越自虐、自貶且與人一起笑開煩惱，人際關係透過自我解嘲，體會到人間的條件後，就能更進一步獲得潤滑。有些人間的缺陷，可以因為個人的條件不同而獲得改變，但生離死別或天災人禍這些重大的問題，卻不是單靠努力即可解決。有時候，像「好人受到誤解」更是人禍中最大的缺憾，你我可能都曾被誤解過，也誤解過別人，而這樣的誤解如果發生在同一個故事裡，就真的成了《人間條件》裡的「人間條件」（human condition）。而最無奈的人間條件則是生死由不得自己，壯志未酬、感恩未報就走了，這就是編導一定要阿媽附身孫女阿美而終於見到心儀的老闆，表達了感恩也驗證了老闆對她的有情有義。

《幽默就是力量》（*Humor Power*）這本書在多年前出版時所以能夠暢銷，就是因為幽默具有看

似不可思議卻已有研究基礎支持的力量，這本書同時也告訴我們，人的確可以增進幽默，享受人生。

進入二十一世紀，全世界的華人是比以前幽默，但同樣也面對許多不可思議的困惑、阻力和挫折，SARS和新冠肺炎就是我們熟悉的例子，我們的確需要實踐《幽默就是力量》所提供的原則。

第三章

“創造力的動機和態度”

愛因斯坦曾說：「最重要的事情是不要停止發問，好奇心本身有其存在的理由。」

畢卡索說：「每個孩子都是藝術家，但難就難在如何在他長大過程中，仍然是個藝術家。」

蕭伯納說：「規則就是，永遠不要給孩子一本你自己不會讀的書。」

這三個人所講的都是創造力的動機，我們天生好奇、天生喜歡創作，所以我們見到新奇、不懂、奇怪的事情都會提問。小孩子如此，但長大以後呢？

二〇〇三年，時任教育部顧問的吳思華和鍾蔚文，以及一群關心創造力的學者和專家，在撰寫《創造力教育白皮書》之前，先行研究台灣學生的創造力，發現年級越高，越缺乏創造力，其中一個重要原因是升學考試。升學考試養成了「講光抄」和「背多分」的

慣習，不僅教育工作者，家庭和社會也都習慣「餵食」學生。所以在《創造力教育白皮書》中，特別提出並展開從小學到大學的六項行動計畫，希望提升學生的創造力。

這幾年提倡自主學習、做中學、自造運動，以及取經芬蘭的教育體制，其實都是希望讓學生找回「自造的本能」、創作的熱情、自主學習的樂趣、對世界的好奇、改變心態、強化內在動機。避免功能固著、鼓勵跳脫思考架構、開放心胸。

一〇八年新課綱、企業教育與管理的「參與者中心」和政府開始認知由下而上和在地化的浪潮，都在主張培育或重視創造力必須從動機和態度翻轉。

這一章的十三篇文章就是談創造力的內外在動機，例如觀察、提問、好奇、開放、白日夢、信心、開心、尋找刺激、利用無聊、害羞，以及跳脫框架、彈性思考等。

24 — 著境離境

愛是需要保持距離的。——你、我、他

在解決問題或從事創造時，我們一方面需要情緒的投入（著境，attachment），另一方面也需要保持心理的距離（離境，detachment）。

有一次，我在課堂上講述幽默的技巧時，舉了一個例子——比如前一句是「先生，你的頭髮看起來又密又黑」，下一句卻是「請問在那裡染的？」——來說明「後段否定前段」會造成意外的效果，可是台下的學生一個個專心地在記筆記，竟然沒有一個人笑出來，倒是進來旁聽的學生大聲的笑了！為什麼專心記筆記的學生沒有笑，而旁聽生笑了？因為前者的情緒過分投入，做筆記、準備考試，沒有保持適當的心理距離，而後者能保持適當的情緒投入與心理距離。

因為情緒的投入，所以我們才會廢寢忘食、日思夜念、鞠躬盡瘁，才會「衣帶漸寬終不悔，為伊消得人憔悴」！但是不能著迷到「當局者迷」的地步，因此，我們同時也必須保持適當的心理距離，才有機會「踏破鐵鞋無覓處，得來全不費功夫」，才能「驀然回首，那人卻在燈火闌珊處」！

「格式塔心理學」（Gestalt Psychology）認為，當我們在解決問題時，我們和刺激都會成為整體

情況的一部分，而最壞的一種情況是，解決問題的人融入了刺激或問題裡頭，也是說，他在問題中迷失了自己。迷失了自己，當然就失去了應有的心理距離。為什麼會失去心理距離呢？原因很多，但大致不出：動機過強、壓力過大或過分偏愛某種解決方法等。

解決問題，首先當然要情緒投入，但是當我們情緒的投入很高時，我們是否也可以有意地保持心理距離？

舍勒（M. Scheerer）為了解答這個問題進行了一項實驗。他讓一群人從頭到尾投入解決問題（控制組），而讓另一群人先在旁邊觀察（實驗組），當然，他並沒有讓前者看到學者的解答方法。實驗結果顯示，實驗組最後在親自解決問題時，只有七分之一的失敗，而控制組則有二分之一的人因發揮不了創意而事倍功半。

現在你相信愛也需要保持適當的距離了吧！

25 — 適度動機

「你擁有與生俱來的才能，伴隨才能的是責任，你絕不可以忽視，也不能殘酷地對待你的才能，你必須讓你的才能儘其所能發揮。才能擁有的權利，遠甚於需要被人讚許的自我。」——悉士頓（Anne Sexton）

外在動機太強或太弱都不利於創造。

早在一九四五年，我以前在紐約 Yeshiva 大學教書時的一位同事、現在已經作古的醫學及心理學教授柏奇（H. Birch）就做了一項實驗，驗證動機強弱如何影響解決問題，那時候流行以黑猩猩為實驗對象。

實驗是這樣子的：把黑猩猩關在籠子裡，然後在籠子外放置一些黑猩猩喜歡的食物和兩枝棍子，食物離黑猩猩很遠，黑猩猩必須把兩枝棍子套接起來，才搆得到食物。（把兩枝原本無關的棍子套接成可以取物的工具，這就是創造。）

這麼簡單的套接，算得上是創造嗎？聰明的你千萬不要和黑猩猩計較，對黑猩猩來說，這的確是需要頗高的創造力。

那麼，該如何操縱黑猩猩的動機強弱呢？柏奇先生是這麼做的：在把黑猩猩們關進籠子之前，先讓牠們禁食，禁食的時間分別是二小時、六小時、十二小時、二十四小時、三十六小時和四十八小時，禁食時間越長，就表示黑猩猩取得食物的動機越強。

我相信你已經猜到實驗結果。當黑猩猩動機很弱，也就是不餓的時候，牠一點也不想取食，任何與問題無關的外在刺激都可以轉移牠的注意力；但是當黑猩猩的動機過強，也就是餓得發慌時，牠會急於取食，而在牠用習慣的方法，例如以一枝棍子拚命敲打得不到食物時，牠就會脾氣暴燥、大聲叫囂；只有那些動機強弱適中，也就是飢餓適度的黑猩猩，能接起兩枝棍子，而順利地解決了問題。

在這個實驗裡，食物是外在誘因，飢餓是取得食物的動機；換句話說，黑猩猩並不是為創造而創造，而是為食物（外在誘因）而創造。

為創造而創造、為解決問題而解決問題、為藝術而藝術、為科學而科學、為讀書而讀書、為服務而服務……，這種動機稱為「內在動機」；但是如果為了取悅他人、獲得報酬、避免懲罰，或者像黑猩猩般為了取得食物而創造，這樣的動機則稱為「外在動機」。

創造者的內在動機不強，但外在動機很高，這就成了「醉翁之意不在酒」，不但不容易維持過去既有的創作水準，而且還會怨天尤人；而縱然內在、外在動機都很強，對創造者來說，還是不幸的，這也就是為什麼多數的創造者在獲得大獎之後，便很難超越自己的原因之一。能夠繼續維持旺盛創造力的人，得獎之後都需經過一番掙扎，但最後還是靠內在動機的力量，來維持創作的水平與品質。

哥倫比亞大學社會學者札克曼（Harriet Zuckerman）分析諾貝爾得獎人得獎之後的創造表現，發

現他們創造的「流暢力」（發表研究報告的數量）減少了三分之一，主要的原因之一是，他們增加了社會角色，有的擔心無法超越自己而受批評，有的因不便拒絕而去扮演不擅長的角色，故無法專心創造。但是也有人在得獎之後，強化原有的繁殖創造和傳薪教育的內在動機，或延伸成關懷社會的內在動機，而將自己提昇到另一層次。

如何把內在和外在動機調配得恰到好處，尤其在獲得認可和報酬之後，的確很難。

美國詩人悉士頓二十八歲時只是個普通的家庭主婦，有一天她看完教育電視台的節目「如何寫十四行詩」之後，決定嘗試寫詩。她想，不寫白不寫，反正做為一個家庭主婦，如果不成功，也不改她家庭主婦的身分。

她是這樣開始的：先在已經非常擁擠的餐廳角落擺一張桌子，桌子上面堆滿書籍紙筆，接著她便在照顧家人和料理家事之間，掌握可以寫詩的每分每秒。

起初，驅使她寫詩的力量是內在動機，可是美國的社會提供了不少物質和名譽的獎勵來鼓勵創造，這是良策，不過，悉士頓在得獎之後，也不幸地染上過分在乎名利的毛病，她在寫給她經紀人的信中表示：「我愛上了錢，不要誤會，我首先要寫好詩，然後，我等不及名利雙收，摘下所有的星星。」

縱然悉士頓的內在動機也很強，可是外在動機的過強的確干擾了她的創作，幸虧她得到了精神醫生的幫助，才度過難關。

因一本猶太女人自傳式小說《怕飛》（*Fear of Flying*）而成名的鐘（Erica Jong）在出版第二本小說時，悉士頓寫信給她：「不要去管別人的反應，我的意思是繼續創作下去——一生的工作等著妳，

妳卻不能什麼都不做，只等待別人的讚賞。妳擁有與生俱來的才能，伴隨才能而來的是責任，妳絕對不可以忽視，也不能殘酷對待妳的才能，妳必須讓妳的才能盡其所能發揮。才能擁有的權利遠甚於需要被人讚許的自我。」

我們大多數人都介於黑猩猩和悉士頓之間，適用於他們原則也適用於我們，這些原則是：

- **推動創造的力量，是強烈的內在動機。**
- **創造的表現也需要強弱適中的外在動機。**
- **政府、學校、社會、家庭等組織團體的決策者，必須相信「重賞之下必有勇夫」的鼓勵原則，創造者雖然不只因重賞才創造，但任何為創造而創造的成果，一定需要增強作用。**

誠如悉士頓所說，我們每個人都有與生俱來的創造才能，我們必須讓與生俱來的創造才能享受盡其發揮的權利！

26 — 觀察質疑

「問對問題比找到答案難。歷史上的創造發明，最大的關鍵在於經過一系列探索之後，提出較好的問題，答案就跟隨而來。」——貝林（D.E. Berlyne）

發明大師愛迪生十二歲時決定賣報紙賺錢，以便購買書籍和實驗器材，因為那時他最大的興趣是做化學實驗。

決定賣報之後，觀察敏銳的愛迪生發現了幾項事實：

①火車每天早上七點鐘從他的家鄉開出，大約早上十點到達底特律城；下午六點，火車再從底特律城開出，晚上九點回到他的家鄉，火車每天就這麼來回一次。

②火車共有三節車廂，第一節是普通車廂，第二節是婦孺車廂，第三節是行李車廂，行李車廂設有吸菸室，卻沒有人使用。

③底特律城的圖書館藏書，比他家鄉圖書館的藏書多而豐富。

根據這些觀察得來的事實，愛迪生提出了下列問題：

①在漫長旅途中，男士、婦女和兒童分別做什麼，才會在不干擾別人的情況下，祛除無聊？愛

迪生問對了這個問題，觀察之後，他決定賣報紙給男士、賣雜誌給婦女、賣糖果給兒童，每天來回各賣一次，生意果然興隆。

②待在底特律城的八小時中，如何利用時間充實自己？答案很簡單，愛迪生利用這八小時到底特律城的圖書館看書，三年下來，他幾乎看遍了該館所有藏書。

③既然火車的吸菸室是空著的，能不能將吸烟室當做實驗室？答案也很明顯，在只有司機知道和愛迪生保證小心之下，愛迪生逐漸搬運和購買實驗器材，最後吸菸室終於變成了實驗室。

可是問題來了，在火車上的六個小時都要賣東西，能做實驗的時間實在少之又少。實驗是一定要自己親手做，可是賣東西卻不必自己親自賣，那麼要找誰來賣，而自己仍可賺到錢呢？他觀察了同輩兒童，又發現一個事實：這些比他幸運的上學兒童，星期六和星期天都放假，而且極其無聊。

愛迪生於是提出了一個問題：如果星期六和星期天雇用這些小孩在火車上賣書報糖果，那他們會不會因為有機會免費旅行又可以賺零用錢，而願意參與？答案極為樂觀，這些小孩樂意極了。愛迪生因此擁有星期六和星期天，來全天從事化學實驗。

兩年後，有一天，愛迪生抵達底特律城，發現許多人在爭看布告欄，原來上面貼著「南北戰爭雙方在席諾激戰，共有兩萬五千人傷亡」的傷亡消息。

愛迪生根據這個觀察，自問：凡是家裡有人參戰的，一定急於知道更詳細的戰爭消息，但是要如何把消息傳給他們呢？想到了辦法之後，愛迪生立刻說服電信員拍電報給沿途各站，先在各站布告欄

貼出傷亡消息，接著，他將原訂五十份的報紙增加到一千份，並且提高售價，不出所料，這一千份的報紙全部賣光，愛迪生因此發了一筆「戰爭財」。

愛迪生確實是一個很特殊的人物，然而他的敏銳觀察和質疑態度，卻是我們每個人與生俱有的，不同的是，大多數的我們在社會化的過程中，因被壓抑而耗損了觀察的敏銳度和好問的求知慾。畢卡索就曾經說過：「每個兒童都具有相當的創造力，問題是：長大後是否能繼續保持？」

為了促進創造力，我們一方面需要珍惜已有的資源，另方面也要敏銳觀察社會變遷，進而理性評估、提出質疑，然後利用已有的資源來解決問題。

加拿大心理學家貝林說：「問對問題比找到答案難，歷史上的創造發明，最大的關鍵在於經過一系列的探索之後，提出較好的問題，答案就跟隨而來。」

從現在開始，讓我們學習愛迪生的敏銳觀察和質疑態度。

27 好奇心

心理學家以及教育工作者在談創造力和好奇心的關係時，都喜歡引用《鐵達尼號》和《阿凡達》導演卡麥隆（James Cameron）的TED演講。在演講中卡麥隆說他從小就喜歡科幻，讀中學時，每天通勤來回的兩小時裡，他都在閱讀科幻小說，滿足好奇心。「到學校我就往樹林跑，到處抓青蛙、小蛇、蟲子，還去舀池塘的水，帶回去用顯微鏡觀察，全因為我想了解這個世界，想知道各種可能的極限在哪裡。當時是六〇年代末，人類開始登上月球、探勘深海，知名海洋探險家庫士多（Jacque Cousteau）拍了一系列海洋奇觀紀錄片在電視播放，更加深了我對科幻的興趣。」

李安也是憑其創造力頻頻得獎的電影導演，多次表示他具有強烈的好奇心，他的電影題材和類型一直在創新，年輕時他所拍的《推手》《喜宴》和《飲食男女》主要在創意解決他與父權的關係。到了中年，反而拍攝以少年為主角的《少年Pi的奇幻漂流》。他不是專攻新科技，卻大膽挑戰3D和其他的科技，如果沒有突破和堅持的意志，對新科技沒有好奇，就不可能拍出少年Pi的好電影。

同樣也是電影人的迪士尼說，「我們繼續向前行，開啟新的門戶，而且做一些新的事情，因為我們好奇，而且好奇心一直在引導我們走新路。」

這種好奇心與創造力的詮釋，不僅適合電影人，也適合其他創意人。

得過諾貝爾獎的三位科學家費曼、鮑林（Linus C. Pauling）和愛因斯坦更清楚地描述好奇心對創造力和生命的重要性。例如費曼說，「好奇心導致我們提出問題，試著去把無關的事情組合在一起，以及了解許多事情。」鮑林則認為「滿足好奇心是生命中快樂的最大來源之一。」大家都認為愛因斯坦是天才，但他卻說：「我不是什麼天才，我只是熱切地好奇。」

好奇不是電影人或科學家的專利，文學家和一般人也一樣，都可以擁有好奇。一九二五年獲得諾貝爾文學獎的幽默大師蕭伯納說：「初戀就是一點點笨拙，加上許多的好奇。」這樣的說法又更接近每個體驗過初戀的人。

心理學家一直在探索好奇心與創造力的關係，舒特（Nicola S. Schutte）和馬婁夫（John M. Malouff）在二〇二〇年發表其研究結果，分析整合過去十個分別以小學生、中學生、大學生和職場人士為對象的研究，驗證了好奇心和創造力的正向關係。

好奇心是人類與生俱來的本能，當我們像嬰兒一樣好奇地探索世界，發現新鮮的人事物，再將這些故事和經驗轉化成創新的事物或作品。我們每天打開電腦或查看手機，也多少會受到好奇心的驅使。

什麼刺激會激發人類的好奇心？心理學家貝林和他的同事認為，新奇的、矛盾不一致的、複雜的和意外非期待的現象都會引起人類探索的好奇心。新冠肺炎是個新奇的、複雜的和非常意外的刺激，到現在為止，科學家對其根源有不同說法，真的複雜。我們當然不希望遇見新冠狀病毒，所以有人說「以前的敵人看得見摸得著，而現在的敵人看不見也摸不著」，但它似乎無所不在，科學家為了一探

究竟，正在發揮他們認知上的好奇心和創造力，努力研究其來源和控制病毒的方法與疫苗，病毒也讓大眾焦慮甚至恐慌，幸虧我們在日常生活中也會接觸到正向美好的新奇材料、音樂、電影、發現、發明或研究等等，激發我們的探索好奇。人生難免遇到矛盾不一致的現象，例如，叫好不叫座或叫座不叫好等等，或羅曼羅蘭的名言：「這個世界造得不完美，愛人的通常不被愛，被愛的通常不愛人，相愛的遲早要分開。」學者、行銷人員和每個當事人也都希望探究此落差及其前因後果。

心理學家利特曼（Jordan Litman）根據這樣的好奇心概念，建構吸取新知的欲望之認知好奇（Epistemic Curiosity）這種認知好奇心包含兩個因素，第一個因素是，誘發興趣的好奇心（Interest Induction Curiosity），也可以說是趣味橫生的探索；第二個因素是消除貧乏或被剝奪感的好奇心（Deprivation Elimination Curiosity）。

宣稱「我們的企業」「突破始於好奇心」的默克（Merck）公司，根據三千名德中美員工所做的問卷調查，發現80％員工認為具有好奇心的同事最能化創意為行動，但卻只有20％的人認為自己具備好奇心。

前面所講的幾位具有創造力的電影人、得過諾貝爾獎的科學家和文學家，都在表現他們「誘發興趣的好奇心」，但最近也有心理學家特別強調「人到中年分外好奇」的現象，是因為他們特別想望「消除貧乏的好奇心」。

當我們敏感到資訊或知識出現鴻溝，也就是我們已有的對自己或對世界的理解知識被剝奪了，如果我們能夠彌補這種被剝奪不足的感覺，我們就可以否極泰來，這種感覺不一定舒服，但也因為有這

樣的感受反而會鍥而不捨的解決問題。

羅賓森（Oliver Robinson）認為中年人在發展上的確遭遇不穩定不確定的困難，因此中年人也會比較好奇地想進一步了解自己、了解別人是否跟他一樣，在心理、生活和工作上究竟如何，一方面肯定和了解自己的興趣，另一方面有意消除自己不穩定的感覺，這些中年人更加好奇的開始尋求資訊，對新觀念更加開放好奇，期待創意解決問題，理解更大的世界，這種強化的好奇心，可能就是解決危機的曙光。度過這個危機，他們也可能因此更加有創意，而逐漸邁向尋求統合與圓滿的人生方向。

他們以九百位男女成人為對象的研究，發現了中年人的確比年輕和老人感受到發展中的危機，也更加好奇的想了解自己和自己以外的世界。

不是每個人都可以發揮大C的創造力，但人人都可以發揮自己專業的創造力。了解自己的興趣，滿足好奇心，發揮創造力，成就自己的迷你C、小C和專業C。

世界的變化無窮，我們未曾預期新冠肺炎的出現，在因應新冠肺炎帶來的不適時，我們更需要發揮認知好奇，透過學習，發現和反思，不斷提出問題，尋找答案，滿足好奇以增進人生的智慧。

好奇心和創造力關係密切，秤不離砣。

28 開放經驗

「建設性的創造須具備三個內在條件，其中第一個條件是開放經驗。」——羅傑斯（Carl Rogers）

你看過伍迪．艾倫的電影嗎？如果你看過《我心深處》（*Interiors*）、《安妮霍爾》（*Annie Hall*）、《開羅紫玫瑰》（*The Purple Rose of Cairo*）、《漢娜姊妹》（*Hannah and Her Sisters*）、《曼哈頓》（*Manhattan*）、《那個時代》（*Radio Days*）、《午夜巴黎》（*Midnight in Paris*）中的任何一部，你就看過伍迪．艾倫的電影。如果你看過他的電影，你必須承認他是個創造力極高的人。

即使你承認伍迪．艾倫的創造力極高，你大概也很難想像他最紅的時候，受美國女性知識分子喜愛的程度。在一項調查中，美國女性知識分子被問到：「妳最想和那一位男人獨處一段時間？」結果伍迪．艾倫脫穎而出。為什麼？因為他的創造能力、內心世界和開放經驗等等，吸引了這些女性。

伍迪．艾倫在他的電影事業成功之前，一直是個成功的幽默作家和脫口秀者，他也演奏豎笛，每個星期一晚上固定在紐約市和他的爵士樂隊一起享受演奏的樂趣——你也許還記得，他因《安妮霍爾》得到奧斯卡金像獎的那個正好是星期一的晚上，他沒有到冠蓋雲集的會場去領獎，而寧可在紐約市吹豎笛。

伍迪．艾倫的創造表現，除了受益於強烈的創造動機之外，應該歸功於他的開放經驗。什麼是「開放經驗」？一九八七年過世的人本心理學大師羅吉斯，早在一九五四年就提出創造力的三個內在條件，其中第一個條件就是開放經驗。

羅傑斯認為，人生的價值不容置疑，因此活著不應讓內心飽受威脅，否則就會自我防衛，而自我防衛會導致內心築牆、躲躲藏藏，這樣就失去了生命提供給我們的學習機會。開放經驗的人恰好相反，他們的內心自由、不受威脅、儘情吸收自然及人為提供的各種經驗，他們認為，人生再怎麼順暢或曲折，還是充滿了喜怒哀樂，因此他們能順乎自然、掌握機會、體驗人生，進而運用經驗豐富生命並激發潛能。

伍迪．艾倫的確符合了這些開放經驗的條件，從小他就不喜歡僵化的生活方式，他不全是為分數而讀書，當學校的教學無法滿足他的求知慾時，他也翹課，他經常漫步紐約街頭，觀察來來往往的行人，流覽魔術店和看電影。畢竟做為紐約的美國孩子是比較幸運的，伍迪．艾倫憑他的創造能力和自學經驗仍然可以進紐約大學，可是第一學期他就因功課不好遭到退學，連「電影製作」也是被死當的一門，你說奇怪不奇怪。

有些心理學家進一步編製問卷，具體測量開放經驗，結果發現得分高的人，真的是比較能夠創造性地運用想像和幻夢、接納異己、探索多元價值、思考互斥觀念、體驗不同感受、參與各種活動，以及對美的事物非常敏感。

那麼，有沒有研究根據來驗證開放經驗和創造力的關係呢？

有！美國馬里蘭州「國家老人研究中心」的心理學家麥克雷（R. R. McCrae）就做了這麼一項研究，他把二五〇位十八至八十歲的人（平均年齡 48.4 歲）分為年輕組（十八至四十七歲）、老成組（四十八至八十歲），先讓他們做創造力測驗，然後在往後的八至二十年間再做開放經驗量表，結果發現年輕組的創造力和開放經驗的相關係數為 0.37，而老成組的相關係數則高達 0.42，這表示創造力高的人，往後也越能開放經驗。

你也許要問：「開放經驗是否可以預測創造力？」麻省大學心理學教授揮得棒（S. K. Whitbourne）所做的研究可以答覆這個問題，他以五十七位二十至六十歲的人為研究對象，發現越會開放經驗的人越能彈性定位自己，而表現出變通的創造力。

既然開放經驗會影響創造力，那麼我們如何去開放經驗呢？以下的態度和行為對我們會有幫助。

①肯定生存價值：祛除心中任何的壓抑與威脅，善於運用生命提供給我們的各種機會。

②容納異己人物：單獨的力量畢竟有限，因此超越自身限制，而運用別人不同的經驗和資源。

③欣賞自然美感：自然的美麗千變萬化，以欣賞的眼光來和自然相處，人與自然就會相互輝映。

④探索多元價值：每個人都有其生存的價值，但是價值觀卻因人而異，因此探索不同的價值便可以豐富創作內容。

⑤體驗情緒感受：七情六慾、喜怒哀樂是人的權利，誠實的生活自然充滿了表達各種情緒的機會。

⑥參與多樣活動：社會本來就提供很多的活動讓我們參與，我們一方面可以掌握機會參與不同

活動，另方面也可以主動創造活動讓別人參與，以便流通經驗。

⑦無師自通學習：人的一生充滿了許多非正式的學習機會，人必須把握這些機會，就像伍迪·艾倫一樣。

⑧從事教育旅行：每一次的旅行都可以讓我們體驗不同的生活、觀察不同的人物、探索不同的人生價值、欣賞多樣的自然，所以旅行是最好的開放經驗的方式。

心理學家羅傑斯讀大二的時候，因宗教機會而有中國之旅，那時他第一次頓悟到人種、價值、語言、思考方式的不同，因此那次的開放經驗奠定了他創造「當事人中心治療」的理論基礎。

29 做白日夢

「當我檢視自己的思考方法時，我發現幻想對我的恩賜，遠超過我吸收知識的能力所賜給我的。」——愛因斯坦

「什麼！白日夢可以促進創造力？你簡直在做白日夢！」

如果你有這種想法，你並不孤單，因為連大多數的心理學家也這麼想。也正因為如此，所以過去的心理學家很少認真、嚴謹地研究白日夢以及白日夢對創造的幫助。

白日夢確是與我們同在的。早在一九〇四年，就有一位心理學家問過一七四五位美國人，其中只有五位說他們沒有做過白日夢。八十二年後，政大退休教授簡楚瑛博士從另一個角度研究台灣兒童做不做白日夢，在接受調查的一一二位老師及家長中，只有四位認為他們的學生或孩子沒有做過白日夢。

這些老師和家長怎麼看白日夢呢？42%認為他們的學生或孩子之所以會做白日夢，是因為「對功課缺乏興趣」；35%的人認為是「兒童有心事」，包括家中有事、情緒不穩定等；另外23%的人認為兒童會做白日夢的原因是「孤獨」「精神不佳」「貪玩過度」等等。

而當曾經擔任政大幼教所所長的簡楚瑛博士要這些老師和家長舉出常做白日夢的兒童的特質時，竟有80%的人認為常做白日夢的兒童有「負面」特質，比如：不易專心、個性內向、智力低、孤僻、家庭不和等。

其實，白日夢有許多功能，心理學家聞那歌（W.E. Vinacke）的看法最合我心，他認為白日夢至少有下列四種功能。

一、滿足願望

個人因主客觀因素無法達到的理想或願望，可藉白日夢滿足。

二、逃避困境

人生難免有困難、衝突或挫折，個人在不能以其他更積極的方法袪除困難、調護衝突或克服挫折時，可以退居白日夢世界，暫時緩衝不快的感受。

三、鬆弛身心

人的思想是非常活躍的，個人可以不為補償也不為逃避，而只為鬆弛身心做白日夢，以享受幻想的樂趣。

四、創造前奏

許多人在創造的孕育階段，常常閉目養神或靜坐沈思，這時候他們就是在藉由白日夢啟發靈感或構思成品。

比較有系統，而且比較嚴謹地運用科學方法研究白日夢的，也不過是這五十幾年的事，其中以耶魯大學辛格爾（Jerome Singer）的努力最被稱道。辛格爾和他的同事編製問卷來測量白日夢，根據他們的研究，白日夢可以分為三大類。

一、積極、創建性的白日夢

有些人的白日夢可以提供線索解決問題，他們在白日夢中看到景象清晰如照片、聽到的聲音清楚可辨。這樣的白日夢是未來導向的，而且會留給做夢的人既溫暖又愉快的感受。

二、罪惡或害怕失敗的白日夢

有些人幻想自己得獎、成為專家或處在眾所矚目的團體中；也有些人的幻想充滿罪惡感，例如害怕承擔責任、無法如期交作業、不能滿足所愛的人、對敵人生氣、報復或攻擊、害怕朋友拆穿自己的謊言、擔心犯錯等，這類的白日夢多含有憂鬱、害怕、恐慌的質地。

三、心思散漫的白日夢

有些人做白日夢是因為凡事提不起興趣或很快便失去興趣，他們容易覺得無聊，不能長時間集中

注意力做事或思考，因此在他們心思散漫的時候，便容易做白日夢。

從白日夢的分類，我們知道了真正對創造力有幫助的是積極、創建性的白日夢。一般人，尤其是我們的老師或父母，之所以認為做白日夢不好，就是因為他們從罪惡害怕和心思散漫的觀點來看。其實，成人的白日夢如果充滿罪惡感及害怕，也可以成為創造的來源，不少文學作品中的意識流都含有衝突、罪惡、害怕，甚至攻擊，不過，這些都必須透過積極創建性的白日夢，才能解決問題、滿足願望，以及頓悟原創的觀念。只有心思散漫的白日夢才是完完全全不利於創造的。

兒童和成人不同，成人的白日夢可以分為三大類，而且和創造力關係密切，但是兒童的白日夢可以分為幾類呢？和創造力的關係又如何呢？

簡楚瑛博士根據伊利諾大學芝加哥校區羅森菲爾（E. Rosenfeld）教授編製的「兒童白日夢量表」加以修定，以二九二位國小學生為對象測量，經因素分析所發現，台灣兒童之所會做白日夢的因素有六。

一、想望攻擊

在這個因素得高分的兒童，他們的白日夢內容基本上有兩類，一類是幻想自己是個勇敢的英雄，救好人、抓壞人，或者幻想自己成為偉大的太空人、科學家、歌星等；另一類則是充滿了攻擊、破壞或不專心。

二、假戲真樂

在這個因素得高分的兒童，他們在獨處或與朋友相處時，常玩假戲扮演的遊戲，而且樂不思止。

三、害怕逃避

在這個因素得高分的兒童，常有害怕的感覺，也會無緣無故害怕被抓被打，因而會有逃避的念頭。

四、近聞遠想

在這個因素得高分的兒童，常常有機會也希望聽人家說故事，同時他們還會想到超越時空，例如：想跟很多的朋友或動物一起玩、想到別的國家的人的食衣住行、希望自己未來可以完成一些工作或長大以後的種種等。

五、似真似幻

在這個因素得高分的兒童，無論獨處或上課都經常幻想，他們想像的虛幻世界都好像是真的，所以白日夢的內容似真似幻。

六、視覺心像

在這個因素得高分的兒童，他們在做白日夢時都會有看到景像的感覺。

接著簡楚瑛博士再以台北地區八所中小學的九七八位學生為研究對象，發現創造力和白日夢的確關係密切。創造力高的兒童比創造力低的兒童顯著會做「想望攻擊」「近聞遠想」「似真似幻」和「視

覺心像」的白日夢，但是「假戲真樂」和「害怕逃避」的白日夢卻和創造力的高或低無顯著差異。這其中又以「假戲真樂」的發現最難解釋，因為美國人針對美國兒童所做的研究發現，創造力高的兒童比較會做「假戲真樂」的白日夢，但是台灣兒童卻不然，除此之外，台、美的發現是一致的，也就是說，越會做積極創建性白日夢的人，創造力越高。

總歸一句話，白日夢和創造力關係密切，白日夢可以促進創造力。如果你做白日夢是因為無法有效集中注意力、經常心思散漫或凡事提不起興趣，那你的白日夢就無法幫助你創造——當然你既然能把文章讀到這裡，那你就不可是這類的人。如果你的白日夢充滿了罪惡及害怕失敗，那麼你可以將夢的內容轉換成創作的素材，但是一定得伴隨積極創建性的白日夢，在夢中追根究底、探討罪惡及害怕失敗的來源，進而尋求線索解決問題，這樣不僅可消除罪惡、降低失敗焦慮，還可以享受問題解決的快樂和追求成就的喜悅。

愛因斯坦說：「當我檢視自己的思考方法時，我發現幻想對我的恩賜遠超過我吸收知識的能力所賜給我的。」這下子，你總該相信白日夢可以促進創造力了吧！

30—自我提示——你能，如果你認為你能

如果懂得在日常生活中巧妙地運用「自我提示」，可以體驗到「脫胎換骨」的神奇效果，並在態度和人格上更接近「創意人」。

我回國教書四年之後，再去美國南方一所黑人大學客座一年，因此有數次機會在附近幾州的大學演講，其中印象最深刻的變化，是發現學校走廊、書店和學生宿舍幾乎都出現一張海報。圖是一隻鳥在空中自由飛翔，文字則是「你能，如果你認為你能！」（You can, if you think you can）這張海報居然也出現在比較自信的紐約。

於是我開始探索。

那是一九七六年，正是「認知—行為矯正」（Cognitive-Behavior Modification）盛行的時候，其中以一九七四年和一九七五年加拿大滑鐵盧大學的心理學教授梅辛鮑姆（Donald Meichenbaum）博士的兩個研究最能抓住人心。

首先，他和同事以行為矯正的技巧來改變缺乏信心者的自我認知。方法簡單，結果驚人。步驟是這樣的：他們先設法讓缺乏信心的人知曉自己經常說出哪些話來挫敗自己；然後再訓練他們學會對自己說出積極而又可以促進行為改變的語句。因為不知如何說起，所以先仿效訓練者，再自行演練，演

練時則先大聲自言自語，然後默默自我提示。

心理學的研究歷程鼓舞人心

這麼簡單的訓練確實讓信心不足者改變自我認知，因而增進信心。真是驗證了「你能，如果你認為你能！」的假設。

從此許多心理學家、教育學者、諮商輔導人員在課堂上、演講時、輔導中，都會強調：「你用什麼樣的話來提示你自己，這些話就會在你身上應驗。」

大眾傳播媒體立即有所反應。當心理學的研究結果強調男女均可以剛柔並濟時，就有《再見女郎》等等的電影出現；等心理學家開始了解老人心理，進而推崇老可愛時，就有《黃金女郎》的電視喜劇。大眾傳播媒體當然也不會放過「你不能，如果你相信你不能；你能，如果你相信你能！」這樣簡單明瞭的心理學研究結果。

一九七〇年代，美國從越戰的失敗中漸失信心，在「傳播媒體認為能，大眾就跟著相信能」的影響下，果然創造了廣大的潛在市場。

企業界的人士馬上從這廣大的潛在市場的趨勢中獲得消費的靈感，再加上從心理學的研究歷程和結果中所獲得的靈感，許多提醒美國人自省及鼓舞人心的產品或作品陸續出籠，「你能，如果你認為你能！」的海報只是小事一件。

梅辛鮑姆可不認為這是小事。一九七五年，他運用同樣的行為矯正方法來改變認知上的自我提示，以增進創造力。他又再度成功，他的成功還真的發揮了高度的創意呢！

他的創意是這樣的：梅辛鮑姆認為，過去的創造力訓練方法源自三種不同的理論架構。

第一種理論架構是從態度的角度來界定創造力。通常都是在比較創意高低和一般人在態度與人格上的差異。因此在訓練創造力時特別強調自我概念的改變，一方面使自己越來越像創造力高的人，例如與眾不同、突破明顯普通的觀點等等。另一方面要避免創造力低者的消極看法，例如因擔心別人的看法，而不敢表現出創意等等。

第二種理論架構是從心智能力在創造歷程中所扮演的角色之觀點來界定創造力。吉爾福德（J. P. Guilford）和拓弄思（Ellis Torrance）是這種理論的代表人物，訓練創造力時，特別強調刻意的、意識的練習認知技巧，以增加流暢力、變通力和獨創力等等。

第三種理論架構是從心理分析的觀點來界定創造力。訓練創造力時，特別強調如何排除自衛與阻礙內在的因素，以鬆弛遊戲、自由聯想、似夢似真等方法來增加創造力。

解決問題前先建立創意態度

梅辛鮑姆的第一次創意表現是將這三種理論架構綜合起來，再根據問題解決的歷程，依序串聯。任何人要表現創意之前，必須建立創意的態度，如提醒自己「想出別人想不到的觀念」「不要擔心別

人怎麼想」等等。然後開始分析問題，並且實際進行創意工作。

在分析問題和執行工作時，你如何提示自己，就會影響你的表現，例如在分析問題時，你告訴自己說「掌握問題的重點、你到底需要做什麼」是比較有效的。而在執行工作時，你提醒自己說「墨守成規——沒關係，試一點新的」也是比較有效的。

吉爾福德和拓弄思的創造觀，正好提供了問題分析和工作執行這兩方面的自我暗示。然而在執行創意工作的過程中，我們仍然需要其他非刻意的方法，如自由聯想等等，讓我們的觀念在腦海中如行雲流水，互相交流，甚至讓深藏不露的創意觀念從潛意識中脫穎而出。這時候，心理分析的創造觀正好可以發揮其功能。

梅辛鮑姆第二次的創意表現是利用「改編再創」的技巧，將三種理論架構的研究結果，改編成自我提示的語句，同時也將他自己以行為矯正方法來增進信心的研究架構移植到創造力的訓練來。

他的研究是這樣做的：

首先，他在大學報紙上登廣告，希望有人來參加創造力的訓練。共有二十一位大學生參與這個訓練，利用隨機分配的方法，將這二十一位分配成三組：第一組接受自我提示的訓練；第二組接受集中能力的訓練；第三組則是沒有接受任何訓練的控制組。訓練的過程共有六次——每次一小時，在四個星期內完成。當然，在訓練的前後，所有的人都接受了創造力和人格的測驗。

運用自我提示激發創造潛能

第一組自我提示的訓練過程主要分為兩部分。第一部分是讓這七個大學生了解他們自己到底對自己說了哪些消極話，因而阻礙他們的創造力。所以在第一次訓練的時候，梅辛鮑姆特別安排討論的機會，讓他們各自表達在實驗前所做的創造力測驗之看法。果然不錯，這些學生所說的話，絕大多數是消極與不利於創造的，例如：

- **我原創力不夠。**
- **我缺乏創意。**
- **我組織能力很強，就是缺乏創意。**
- **你說我的想法頗富創意，可是我不認為那是重要的。**
- **你說我的表現還不錯，那是因為這種測驗太容易了。**

第二部分則是讓這七個大學生個別做些創意的工作，例如要他們完成圖畫，改進產品等等。因此在做這些工作前及工作過程中，要他們對自己說出有利於創造的話，這些話就是根據三種理論架構改編而成的句子。

這些句子不是大學生的習慣用語，梅辛鮑姆就先示範一番，他們再個別去練習，然後他們再大聲地自言自語，直到習以為常後，就默默地自我提示，因此在他們正式做創造力工作之前和過程中，就可以按照創造的態度觀、心智觀和心理分析觀自我提示。

梅辛鮑姆要求這些學生在學校或家裡，用同樣的方法來做功課或任何自己喜歡做的事情，如：滑雪、寫文章、畫畫等，然後將他們的成果或作品帶來與大家分享。

總共才六個小時，這麼簡單的方法，居然可以產生驚人的效果。這七個人無論在各種創造力測驗，或在實際的創意表現上，都大有進步，尤其在獨創力、變通力、藝術美感的偏好、想像與現實的協調力方面更顯著；不僅如此，他們在自我概念方面也改變了，認為自己越來越喜歡探索新觀念、接受困難的挑戰、冒險好奇。在態度和人格上，越來越接近創意人。這樣的改變並沒有在控制組和接受集中能力訓練的大學生身上出現。

梅辛鮑姆的實驗確實給我們很大的信心：「我們能夠創造，如果我們認為我們能夠創造。」

運用訓練帶來脫胎換骨的效果

那麼，如何應用自我提示的方法來增進創造力呢？

• 列舉消極語句

你在處理人際關係、做功課、上台演講、找工作，執行業務、解決問題、希望達到滿意結果，因而需要創意表現時，你會用哪些消極的話一再叮嚀自己，因而阻礙你的創造力？你可以找一張空白紙，將這些話一一列舉。

• 演練積極語句

對你的消極話語有了認知之後，接下去便是演練促進創造的積極語句，你可以利用梅辛鮑姆提供的語句，大聲讀幾遍。記住：如果你覺得那一個句子念起來不順，你可以改寫，但不能失去原意。如果你在大聲唸的時候，感覺荒謬而笑出來，很好，你已經開始放鬆了，熟習後再改為默念，一直到這些話已經成為提示自己的習慣用語為止。請參考梅辛鮑姆教授提供的自我提示實例。

・嘗試創意工作

為了驗證自我提示的效能，首先你可以嘗試創意的工作。如：想想看衣架、碎布、報紙各有那些用途？你也可以就地取材找一些玩具或器具，如何改進這些產品？記住：每一次只做一樣，然後就根據梅辛鮑姆提供的語句，分段自我提示。

・應用自我提示

以上這些方式是比較刻意的創意訓練，但實際上你一定有很多的工作或嗜好需要你的創意，如：處理人際關係、安排旅行、家庭作業、學習素描、彈奏鋼琴、推銷產品、應付無聊人士等，在在都需要創意。過程之前、之中都可以依序提醒自己，用積極的語言來推動自己表現創意，你就會是有創意的人！當然，你必須在認知上相信你所說的話。在日常生活中儘量應用「自我提示」的方法，等脫胎換骨之後又是一條好漢、一位妙女。

從黑人大學歸來已經四十幾年了，這些年當中是國內變化多端、而又快速的時代。在舊秩序慢慢解構、新秩序尚未形成的空檔期間，整個國家、社會、政黨、學校和個人都面臨自我追尋的危機與希望。為了追尋人人擁有同等機會發揮潛能、實驗民主憲政的目標，我們除了體認多元追尋的必然性以

外，還要肯定創造力的重要性。

我是樂觀的，因為我深信自我提示的心理學原則。「我們能，如果我們認為我們能」。

梅辛鮑姆自我提示的實例

要將生活由消極轉為積極，其實並不難。梅辛鮑姆教授提供的方法，便是一劑「改變自我體質」的良方。自我提示的實例可參考下列幾點：

一、根據創造的態度觀寫成的句子

這些句子都是以建立創意的態度，自己對自己說：

- 發揮創造力，表現與眾不同
- 突破明顯的、普通的觀點
- 想一些別人不會想到的事物
- 讓思想自由地飛馳
- 推動一下自己，你就可以創造
- 量可以孕育質
- 排除內在的阻礙
- 延遲判斷，不要馬上定案

・不要擔心別人怎麼想
・創意不是對和錯的問題
・不要提出你第一個想到的答案
・不要有消極的自我暗示

二、根據心智能力的觀點提出的句子

A、開始解決問題，分析問題以前，先自我提示，自己對自己說：

・掌握問題的重點，你到底需要什麼
・用各種方法組合不同的因素
・運用不同的比喻
・假設你正在運用腦力激盪或「攜粘疊各思」（Synectics）★的方法工作
・在原有的觀念上精益求精，詳盡說明
・化陌生為熟悉，化習慣為陌生

★由不同領域的人聚合在一起，透過比喻的方式，來解決問題的創造思考方法。

B、執行工作時，不斷自我提醒：

- 你墨守成規——沒關係，來一點新鮮的
- 如何轉化現有的挫折感，讓自己更有創意
- 累了就休息一下，新觀點說不定就在這時產生
- 慢慢來——不要急——沒有必要給自己壓力
- 太好了！要到達目標了
- 有意思！這實在有意思
- 這個答案很棒，等一下可以跟別人分享

三、根據心理分析的觀點提出的句子

在執行工作中，自我提示的話：

- 從控制中解脫出來，讓你的心思自由遨翔
- 自由聯想吧，讓心中的觀念如行雲流水
- 放鬆——讓觀念自然的產生
- 讓你的觀念自由發展
- 參考你個人的經驗，從不同的觀點來看事情
- 擺開束縛，展現赤子之心

- **把自己當作一個旁觀者，藉此過程，讓所有的觀念穿梭流暢**
- **讓觀念觸類旁通**
- **觀念有如山在虛無縹緲間，自有生命**

歐巴馬競選美國總統時具有說服力的自我提示口號就是"Yes, We Can."卸任時的告別演說則是"Yes, We Can. Yes, We Did."說明了正向的自我提示之改變心智架構。

是的，我們每個人都可以增進創造力。

31 — 尋找刺激創新意

愛因斯坦之所以為愛因斯坦，就是因為他能夠善用無聊，找刺激，如玩音樂、駕帆船、想問題、創新意。

找刺激，創新意？你有沒有搞錯？我們的教育不是鼓勵循規蹈矩、好好讀書，安於現實、努力工作嗎？

沒錯！尋找刺激和創造發現不僅是人類的天性，而且是促進文明的動力。

找刺激和創新意兩者之間的關係密切，而且這種關係的發展需要後天環境的支持。但是我們的社會喜歡神話成功的人物，經常忽略創意行為背後的刺激尋求。幸虧我們還有李遠哲、王贛駿的坦誠相告。

有創意的人常打破常規

當社會還來不及神話李遠哲時，他自己說到求學生涯的事實經驗：「如果從台灣的標準看來，我並不是大家希望的好學生，因為我小時候很頑皮、很好玩，絕不屬於好學生。在中學時代，我也是訓

導處討厭的人物，在軍訓教官的眼光裡，操行常是丙等的學生。但是我知道自己所做的事情都有目的，只是不希望自己變成社會或教育制度下的犧牲品。我常常是非常反叛的。」

第一位登上太空的華裔美籍王贛駿也道出了他在台灣念中學時「怪異」的行為：「頭髮留長、穿喇叭褲、大盤帽折成海盜船形，一切不合校規的事情都犯，一度我還當班聯會總幹事，帶頭作亂，手下有一批人為我『賣命』——幫我探看教官在哪裡，好讓我知所趨避。」

李遠哲的創造新知和王贛駿的探險發現，整個過程就是一種刺激尋求，只是這樣的刺激尋求是社會所公認和稱道的。然而他們在中學時代的刺激尋求，卻被認為是反叛、作亂的偏差行為。

刺激尋求可分為四個因素

那麼，什麼是刺激尋求的動機？

宇宙充滿了永無止境的變化，複雜而又新奇。恰好人類天生也需要變化、新奇和複雜的刺激及經驗，為了尋求並獲得這些刺激和經驗，人類自願去做身體的或社會的冒險，這就是刺激尋求動機的定義。

心理學家札克曼（Marvin Zuckerman）認為刺激尋求可以分為四個因素：

- **驚險尋求**（Thrill and adventure seeking）

- **經驗尋求**（Experience seeking）
- **解除禁忌**（Disinhibition）
- **易感無聊**（Boredom Susceptibility）

一、驚險尋求

王贛駿的登陵太空就是驚險尋求；這種驚險尋求是需要身體上的冒險。同樣的，達爾文在二十四歲時登上獵犬號的雙桅帆船做全球性的探測航行，也是驚險的尋求。驚險尋求動機高的人，有時候會喜歡去嘗試一些驚險的活動，例如登山、潛水等等，他們明知參與這些活動可能會導致身體上的傷害，還是勇往直前。相反的，驚險尋求動機弱的人認為避免危險活動是明智之舉。駕著一葉小舟遠行，驚險尋求動機強弱不同的人，就會有不同的反應，強者希望有機會試試，而弱者卻視其為荒謬的行為。

二、經驗尋求

經驗尋求動機強的人喜歡嘗試新奇變化的生活，例如王贛駿的「頭髮留長、穿喇叭褲、大盤帽折成海盜船形」的特立獨行。他當然知道這樣做可能會導致記過，退學等等的懲罰，但是他只是在尋求新的經驗罷了。數學家烏男（Stan Ulam）在九歲時意外地發現一本天文學的書，令他興奮不已，星星的圖畫滿足了他的好奇，就連牛頓的畫像都成了他探索的對象。喜歡星星、喜歡牛頓；整個天空、整片土地都充滿了刺激新奇。

每個人各有各的食、衣、住、行、育樂的經驗，經驗尋求動機高的人就喜歡嘗試一點新的事物，變化一點風格，吸汲新經驗而不排斥舊習慣，新舊文流常導致創造的表現。經驗尋求動機低的人就不然了，他們安於現狀、不喜變化。諾貝爾文學獎的史坦貝克（John Steinbeck）認為一個作家所以江郎才盡，就是因為他已把過去的經驗寫光了，又不再體驗新生活，吸收新經驗。

莫札特只活三十七年，許多人認為他在音樂上多才多藝、如行雲流水般地創作，可說是早期廣泛刺激尋求的水到渠成。小時候在父親的陪同下不斷地到處旅行，親身體驗當時音樂的類型和風格。

三、解除禁忌

家有家規、校有校規、國有國法，法規越嚴越壓抑人性，社會的禁制也越多。循規蹈矩的人縱然心不甘、情不願，也會害怕懲罰，儘量避免犯錯，更不敢公然表現異議或解除禁忌。而灑脫自在、心無恐懼的人，就喜歡新奇、刺激的經驗和感覺。縱使這些經驗和感覺有點驚險，不合習俗，甚至違法。如李遠哲「只是不希望自己變成社會或教育制度下的犧牲品……常常是非常反叛的。」而王贛駿「曾一度當班聯會的總幹事，帶頭做亂。」這些行為表現都屬於解除禁忌的刺激尋求。

對創作者來說，解除禁忌的最高表現就是內心的自由。女生物學家布里托（Anna Brito），因她的研究而使生物醫學界重新界定鐵質在人類免疫系統中所扮演的角色。她所說的話最為傳神，她說：「創造發現最重要的條件是『自由的存在』，你知道你會犯錯，但你卻不會害怕……因犯錯而內心感到恐懼，就如人被關在獄中一樣。但我到後來已經可以隨意丟棄錯誤，並學會了喜歡犯錯。」

在西方的社會裡，最大的禁忌常常是來自宗教信仰或教會的干預。達爾文並不是一個無神論者，他甚至擁有劍橋大學神學學位，然而他親身體驗的生物世界，使他發現了進化論。他內心經過長期的掙扎，預知大眾可能的反應，尤其是來自教會的排斥。記得前輩學人伽利略在面臨同樣的情形時，是如何悲劇的下場，他不敢跟很多人坦白內心的恐懼。在寫給他的好友虎克（Joscph Hooker）的信中，他說：「說出進化論的祕密就好像在承認謀殺罪似的。」最後，他還是解除了禁忌，重獲內心的自由，而將發現公諸於世。

四、易感無聊

一位蹺課的小孩認為他所以蹺課，是因為他無法忍受背書、背書；一位工人說他所以飆車，是因為下班之後無事可做、無處可去，而工作本身又是呆板無趣，飆車正好可以解除無聊。這兩個年輕人都是刺激尋求高的人，容易厭煩和感受到無聊，只可惜，他們沒有將無聊化為創作的動機。相對的，創意高的人能夠從創造探索中擺脫無聊，所以愛因斯坦說：「引領人們走向藝術與科學的最強烈動機之一是——逃避日常生活中痛苦的冷漠無情、不幸的落落寡歡以及欲望的束縛限制。」日常生活並不像愛因斯坦所說的那般厭煩無趣，只是他特別容易對日常生活感到厭倦。

我們的大學生也許沒有愛因斯坦那樣地敏銳但也相當容易感受到生活的無聊。在一項比較中、義、美、日、澳、泰的跨國研究中，我們發現台灣的大學生顯著地比其他各國的大學生容易覺得無聊，只是可惜我們的大學生沒有將這種無聊化為創作的動機而已。

愛因斯坦所以為愛因斯坦，就是因為他能夠善用無聊。對一個四、五歲的小孩來說，玩幾次指南針就覺得無聊而放棄，愛因斯坦在無聊時卻能進一步探索，因而發現「這一根針如此確定地擺動，和我所看到的事件本質一點都不吻合」，他開始懷疑：「在具體的東西和事件背後一定深藏著什麼。」

藥和酒可以激發靈感

談到找刺激、創新意，我們一定很容易聯想到藥物與酒精。喝酒、吃藥可以是解悶的行為，也可以是解除禁忌和經驗尋求的活動，刺激尋求動機高的人的確比較喜歡飲酒作樂，吃藥銷魂，因此有些創意高的人，也就想藉著藥、酒來增加創造力。對華人來說，飲酒作詩是蠻平常的事，在西方居然有作家說：「我們必須永遠喝醉。對了！這是唯一的問題，為了不讓恐怖的時間包袱壓垮你的雙肩，使你的頭栽在地上，你必須不停地喝醉。」心理學家安羅（Ann Roe）很多年前就在研究畫家的創作與喝酒的關係。的確，很多的畫家想藉酒打開潛意識的窄門以幫助創作，藝術家從藥物中尋求刺激的事也不是新聞。克里普納（Stanley Krippner）研究九十一位曾經有過藥物經驗的藝術家，這群藝術家有不少是藝術界的頂尖人物。

這些創作者想從藥和酒中尋找刺激，其目的無非是想促進創作觀念的流動，解脫束縛，因而比較容易跨越既定的界限。精神醫師阿瑞提（S. Arieti）從別人的研究和自己治療過的高創意的經驗中，提醒我們，這些人在嘗試藥、酒之後，將這種經驗變成了創作的內容、主題和靈感，甚至於只是要放

鬆，有些人因沉溺而身心受創、情意停損，但是**藥物和酒精本身並不會增加創造力**。

找刺激、創新意需要冒險

那麼，有沒有量化的研究來驗證刺激尋求和創造行為之間的關係？有。威斯康辛大學的法萊（Frank Farley）和他的同事至少以美國大學生為對象做了兩個研究，結果都一樣地驗證了創造力和刺激尋求之間的正相關。

楊蕢芬和我本人則在大台北地區做了一項類似的研究，其中包括三九八名的國中、高中、高職的男性在學學生，以及一一七名台北少年觀護所的男性少年。結果也是一樣的，不管是觀護所的少年還是一般的學生，高刺激尋求者都比低刺激尋求者具有較高的創造力及偏差行為。

這項結果再度驗證了一個觀念：找刺激、創新意是需要冒險的。在一般的學生當中，有些刺激尋求和創造力皆強的少年，也許是將來的李遠哲或王贛駿，而在觀護所的少年當中，那些刺激尋求和創造力都高的人，不曉得我們的社會會不會給他們機會!?

說到這裡，我們難免想起新冠肺炎對大家的影響，為了防疫，我們必須遵守一些「禁忌」，例如「居家隔離」、保持距離，不要趴趴走等。許多人發揮創造力「解除禁忌」，在無聊的生活中尋找有利創造的刺激，就是在限制中的創造力展現。

32 開心，更有創意

一家人高高興興坐上餐桌共進晚餐，父親看著兩手髒兮兮的兒子，面帶微笑頑皮的說：「小坤啊！如果我是你兒子，上餐桌前沒有洗手就要吃飯，而你是我父親，你會怎麼說？」兒子眼珠一轉，然後輕鬆調皮地回答：「我會很懂得禮貌，一句話都不說！」說完後站起來比出勝利的手勢，走進廚房去洗手。

我們將這個故事改寫成另一個版本。一家人準備共進晚餐，害怕父親責備的兒子不時偷看向來嚴肅的父親。父親看著兩手髒兮兮的兒子，臉色鐵青的說：「小賢，看什麼看，看看你自己的髒手！難道老師沒教你飯前洗手是基本的衛生習慣嗎？還不快去把手洗乾淨。」為了避免繼續挨罵的兒子氣沖沖的跑去洗手。

故事中的兩個主角都是吃飯前沒有洗手的兒子，最後也都按照父親的要求洗了手。但是，去洗手前兩個人的感受卻完全不一樣：小坤心情好，發揮創意得意的去洗手；小賢則心情低落，害怕受罰氣沖沖的去洗手。

父子的關係和家庭的氛圍影響了兩人面對權威時的心情。同樣是要求孩子把手洗乾淨再上桌的行

為表現，孩子也真的做了，可是整個過程迥然不同。小坤和父親之間的對話創意有趣；小賢和父親之間的關係緊張不睦。關鍵是在父親期望孩子執行任務時之「任務架構」的要求。小坤的父親運用了角色互換的創意技巧，並採用「有趣的、創意的」任務架構；而小賢父親的任務架構則是「洗手這樣的任務是嚴肅的、重要的」，他應用權威角色要求兒子執行任務去洗手。

多年來心理學家進行各種研究，驗證心情與行為表現的關係。主要的發現是，心情好的人通常在解決問題、做決策、創意發想、做功課、履行任務時，會比心情差的人表現好。

紐約州立大學心理學佛瑞德曼（Ronald S. Friedman）教授和他的同事認為，在讀書、考試或工作時的心情好壞和「任務架構」的引導會交互影響創造力。結果發現，在「工作是樂趣」的任務架構中的學生果然創意特佳；而心情不好的學生則在「工作是嚴肅和重要」的任務架構下表現比較好。

這些研究結果似乎證實了，華人的創造力雖不比歐、美來得高，但在學生的成績和競賽方面，以及企業人的創業成就上，並不遜於歐美國家。許多孩童通常不是以快樂的心情來讀書、做作業或補習；師長也會告訴他們讀書、做功課是「嚴肅、重要」的，而不強調「樂趣、創意」的前導。然而，要有好成績只能靠苦勞嗎？

吃飯應該是快樂的，小坤的父親運用有趣、創意的「任務架構」，讓好心情的孩子發揮創意、急智回答。而小賢在「飯前洗手是重要與嚴肅」的要求下，雖然也完成洗手任務，卻是不快樂的。

從家庭到職場，從父子關係到老闆與員工關係，都一樣可以運用「工作是樂趣」的任務架構，促進良好溝通和創意表現。

33 — 無聊能夠激發創意

「媽，我好無聊哦！」「無聊就去做功課。」「就是做功課才無聊！」

「媽，上課好無聊哦！」「聽說你們老師教學很認真，怎麼會無聊呢？」「他就是太認真，都是他一個人在台上自言自語，我只能坐在那邊乾瞪眼，可是上課就是無聊。」

大部分學校的硬體設備比以前好，許多家庭的玩具書報比以前多，可是，還是有學生在這樣的環境中覺得學習是無趣的。他們草率趕作業，像《哆啦A夢》裡的大雄，或《櫻桃小丸子》中的小丸子一樣，總是沒辦法按時完成學校功課。

學校通常會把學生的時間安排得非常結構化，孩子回到家，如果父母親再複製學校的模式安排時間，他就沒有機會當家作主，決定放學後的活動。缺乏獨立思考、不能自動自發，他們就會無聊透頂。

偶爾無聊是人之常情。被逼聽課很無聊、準備考試很無聊、開會也很無聊，但事過境遷，總又可以興致勃勃的繼續生活，所以不怕間歇性的無聊，只怕累積而成的慢性無聊。二〇〇七年，戈斯林（Anna Gosline）在《科學人》的一篇文章〈無聊死了：慢性無聊的人具有較高的冒險行為〉（*Bored to Death: Chronically Bored People Exhibit Higher Risk-Taking Behavior*）中提醒讀者，慢性無聊可能會

演變成憂鬱、焦慮、用藥、喝酒、強迫性的賭博、飲食失調、敵意、憤怒、缺乏社會技能、成績差、工作表現不好。

提出「心流」或「福樂」理論的契克森米哈伊（Mihaly Csikszentmihalyi）和他的同業追蹤五二八位高中生，試圖了解他們如何利用時間，以及在什麼樣的情況下會投入並專注於他們所做的事情。結果發現，當學生肯定工作的挑戰和自己擁有的技能相得益彰，老師的教學是他們感興趣的，他們也能掌控學習環境時，就會非常投入。學生從事個別或團隊的作業或學習時，都會比只是聽講、看錄影帶或考試來得投入。所以提供適當的挑戰，讓孩子的技能足以接受挑戰，他們就會投入並專注學習，而達到「心流」境界。

杜儀（Peter Toohey）教授二〇一一年出版《百無聊賴：生動的歷史》（*Boredom: A Lively History*）一書，他說：「無聊提供空間讓我們作白日夢，以及想出新的問題解決方法，我們不必害怕，反而應該傾聽無聊。」

暢銷漫畫系列《呆伯特》（*Dilbert*）的作者亞當斯（Scott Adams）同意無聊可以激發創意。在小鎮成長的他，在無聊生活中想像自娛；長大後上班時，在無聊、冗長的會議中繼續發揮想像，逐漸豐富了漫畫作品。

建設性的無聊需要依靠親師的輔導，幫助孩子從不喜歡的正式課程中的無聊跳脫出來，找到在自己可以掌控的時間「做他所愛，愛他所做」。

就像漫畫《凱文的幻虎世界》（*Calvin and Hobbes*）中，讀小學一年級、早熟的六歲小孩凱文，

對他幻想的玩具朋友虎伯斯所說的話一樣：「人為什麼要創造？是為了表達自己，引進思想的形式以及發現經驗的意義，或只是無聊時沒事找事做。」

上課、工作，甚至只是日常生活，都可能會有無聊的時刻，但如何利用無聊時間，體悟創造力是性感的生活情趣，無聊就變得不無聊了。

34 — 發揮創意，克服害羞

與賈伯斯共同創辦蘋果電腦的沃茲尼克（Steve Wozniak），在他的自傳《科技頑童沃茲尼克》（*iWoz*）中，敘述自己六、七歲時如何在父親的引導下，對電子產生著迷的過程。他父親曾在眾人面前展示一項新的設備並且要他在適當的時機啟動機器，對他來說什麼是適當的時機似乎不太清楚，但是卻掩不住興奮期待的心情，這位小朋友直覺地判斷時機已經到了，就毫不遲疑地扳動開關——接著他聽到大人們一陣大笑，後來才知道原來是他太早開機了。

他說：「如今回想起來，我認為或許我的害羞性格就是因此而起。當你非得說話或做些什麼時，會因為害怕失敗而緊張到胃抽筋。或許那是我第一次搞笑但絕非有意。」往後他經常有意無意地搞笑，建立人際網絡，與同學賈伯斯等互補合作，發揮個人與團隊的創意，並且樂於執行創意。人生的角色定位清楚，願意做一個改變世界的工程師，而不是位高權重的CEO。

依據忍八度（Philip Zimbardo）的分類，沃茲尼克應該屬於「外向害羞型」，也就是台下害羞，台上看起來不害羞。在創意表現的人物當中像他這樣的不勝枚舉，發明家愛迪生、科學家愛因斯坦等都是。許多創意的影視工作者特別是喜劇演員和幽默的節目主持人更是此類人物。在中、英文的網站

上，處處可查到有人引述或報導李安所說過的「我生性害羞」和"I am a shy person"這樣的話；曾經主持五屆奧斯卡頒獎典禮的電視節目主持人強尼．卡森（Johnny Carson）以及多才多藝的伍迪．艾倫，也是很好的例子。

在美國因為反越戰而名聲更響亮、曾經獲得兩次奧斯卡金像獎六次金球獎的女演員珍．芳達（Jane Fonda）認為，要不是因為她被解雇離開祕書工作而必須賺錢生活，她也不會決心從事演藝事業。她說：「戲劇是我最後才會想做的事，因為我實在太害羞了。」在以「方法演技」著稱的李．史特拉斯堡（Lee Strasberg）劇坊學戲時，老師肯定她的才氣，所以她說：「從此改變了我的人生。」但她真正克服害羞卻是在六十歲左右。

我們大概很難相信妮可．基嫚（Nicole Kidman）會這樣說：「很自然地我會想要消失在黑暗的戲院中，我實在太害羞了。」在《教父》三部曲中演活了鐵漢角色，後來以《危險女人香》這部電影獲得奧斯卡最佳男主角獎的艾爾．帕西諾（Al Pacino）曾說：「我的第一個語言是害羞，只因為被推向鎂光燈，我才能夠學習如何因應害羞。」

這些人所以能夠克服害羞主要是他們深知自己的害羞，並積極有創意地尋求方法和運用策略，讓自己克服在眾人面前的害羞，發揮創意成就事業。因為他們在創意療癒的過程中，找到自己所愛的專業，從專業的表現上增強自信與自尊，因而獲得他人的肯定，精確地找到了自己在人世間的定位。

沃茲尼克的故事就是這些人的故事。為什麼會害羞？害羞是天生的還是後天的？沃茲尼克認為他的害羞可能是從六、七歲才開始，當時的經驗說明兩件事：第一，他有潛在的害羞特質；第二，大人

無意甚至欣賞的大笑讓這位特別敏感的兒童頓時害羞起來。無論害羞是天生的還是後天的，只要認為害羞不利自己的自愛自處、社會關係或工作進展，我們便可以一方面利用逆向思考，把不利的害羞轉為有利的謙和，多聽多看多想；另一方面可以發揮創意，選擇有效策略來克服害羞。

但大多數「內向害羞型」的孩子就沒那麼幸運，當然也有不少「外向害羞型」的兒童在多次嘗試向外拓展關係時遭遇挫折，因而放棄了克服害羞的機會。今天的台灣社會對害羞的人似乎越來越不友善，教室中的口頭報告或升學時的面試，的確是件可喜的突破，但害羞的人卻比較吃虧。

在工作中，第一關要通過的也是面試，得到工作後又要面臨一系列的報告、行銷與說服等工作，當害羞的人在人際關係中遭遇挫折時，虛擬的互動很可能取代實體的接觸，此時如果害羞的人因為缺乏創意思考並執行有效的因應方式，一不小心就會變得越來越「宅」。

忍八度的《陪孩子走出害羞的角落》（*The Shy Child*）一書，讓父母、老師可以透過實例或特性的敘述或練習，先揭開害羞的神祕面紗，然後幫孩子克服和化解害羞，最後把孩子教育成社會人。這本書另一個特色就是分章告訴讀者如何教導學齡前的孩子、國小的孩子、中學生和大專生，讓他們了解並克服害羞，最後還提供學生克服害羞自助指南。

害羞只是全書中的一個主軸，忍八度在書中所提供的教養策略和因應方法，其實都適用於協助孩子成長、增進 EQ 以及如何創意生活。

35 — 跳脫框架，靈活變通

在許多正式會議或非正式交流中，非常驚訝地發現蠻多聰明人的固執心態和行為，他們所以聰明是因為過去用同樣方法或模式解決同樣問題或進行類似工作時，已經累積了成功經驗。在面臨困境、需要變通或採用新知時，還是堅持過去成功的公式。他們會說「這方法已經用了很多年，這樣的策略過去無往不利，怎麼會行不通呢？」這時候他們會固執在這樣的觀念、看法、方法或策略上，無法跳脫思考框架，更談不上靈活變通。他們也很難傾聽別人的想法或建議，也就是固執己見、自以為是。我慢慢學會這時候不再辯論且暫停建議。

在美國偶爾客串募款活動時，我通常扮演說笑的角色，就會說這樣的人是「腦筋便祕，嘴巴下痢」。當他們固執己見時，就會不停地重覆舊法，而且努力說服別人，所以口頭上的確是滔滔不絕地自辯。說了一大堆的話，就是在固執腦海裡唯一的框架。怪不得中文裡有這麼多形容一個人固執的成語：專己守殘、固守成規、刻船求劍、孤行己見、剛愎自用、孤行己意、坐地自劃、不進油鹽、扞格不通、剛褊自用、孤行己意、泥古不化、固不可徹、撞倒南牆、迂腐騰騰、執迷不悟等等，不勝枚舉。

一九四二年，德國心理學家路琴（Abraham Luchins）就設計了水桶測試方法，在解決水桶問題時，聰明人很快就找到解決問題的公式，以後在遭遇類似的問題時，只要應用同一公式，就可以輕而易舉

地化險為夷，慢慢就習以為常了。可是人生不會都是這樣的一帆風順，也不能一切都可以依樣畫葫蘆，而必須窮則變，變則通，但如果開放心胸，轉個彎便有機會接觸更方便、更有用的捷徑。到了第七題時，習慣的公式已不再適用，同樣有三個水桶，更何況其中還有一個超重的水桶，但為了得到正確適當水量，只要運用兩個比較小的水桶便可以達到目標。這時候有些人很快就找到新的方法，有些人固執地停留在原地踏步。有了運用更簡單的方法解決問題的經驗之後，有些人從此擺脫框架，續用簡單方法。但還是有人，雖然有取巧的成功經驗，卻仍然走回老路，沿用多年以來解決問題的成功公式。我曾以政大上管理心理學課程的學生為對象施測，這些高 IQ 的人，當然不會誤打誤撞。當中將近一半的人知道變通，尋找更方便的方法，卻在成功之後，仍然相信「薑是老的辣」而走回老路，大約只有 18.6% 的同學找到新方法後，會繼續使用新的方法，整體來說，全體同學中，總共有 30% 的人會隨時取巧應變，也就是跳脫框架、靈活變通。

現在的資訊來源多元，需要解決的問題也常變幻無窮，隨時都需要靈活變通，在人際關係中，很多成功企業家都會勸告年輕人，要成功就必須懂得變通。懂得變通就是要隨機應變、入鄉隨俗、情急生智、見機行事、見風使舵、因時制宜、趁風揚帆、因地制宜，就是要體會山窮水盡疑無路，柳暗花明又一村、窮則變，變則通的道理。

能夠跳脫框架、靈活變通，在今天更為重要。法國人類學家李維—史陀（Claude Lévi-Strauss）提出拼湊或隨創（Bricolage）的概念，認為修補匠會就地取材，改變其功能等等，克服困難、解決問題，同時也會重新組合不同隨手可得的資訊和資料，也變通適應面臨的困境、解決問題。藝術家、老

師或創業家也都會運用這樣的方法創作、解決問題或克服困難。這樣跳脫框架、靈活變通，不僅在創作、舉辦活動、研究、執行政策或基本人際關係，都是需要的。

二〇一七台北燈節總策畫、人稱李美國的紙風車執行長李永豐，和往常設計大型節慶事件一樣，跳脫框架、靈活變通。首先從大格局新視野的角度構思「西城嘉年華大遊行」的意義和執行方式。元宵節代表人民希望在一元復始、大地回春的元宵夜闔家團聚、共慶佳節。闔家不一定是具血緣關係的家人，可以是超越血緣關係共享願景的市民，大家歡天喜地、同樂賞藝。遊行的方式打破過去以各級機關學校為主的循序踩街。他冒險跨越政府限制預算的架構，發揮企業和民間團體共好、共善和共創的潛力，讓花燈和表演或在企業贊助的大型花車上或藝術團隊在街頭互襯動態演出。過完了春節，讓市民從元宵嘉年華開始，祈求福樂的延續。

跳脫框架、靈活變通，在今天更為重要。

36 ── 避免功能固著，就從嘴巴開始吧！──嘴巴的創意功能

「人本主義心理學」之父馬斯洛（Abraham Maslow）的名言：「如果你唯一的工具是一把鐵鎚，就會把每一件事情當作是釘子。」經常被引用來提醒父母、師長、學者專家和政府官員，千萬不能固執而把每個孩子當作是釘子。

教育部公布的十二年國教新課綱，將「程式設計」列為國、高中必修課程，如果程式設計淪為考試中心的學科，這一把鐵鎚很可能就會把學生當成釘子。

心理學家麥爾（Norman Maier）曾設計「雙繩問題」的實驗：在天花板上面掛兩條繩子，要受試者把兩條繩子打結，但兩條繩子又輕距離又遠，受試者無法同時取得兩條繩子，即使先拿住一條繩子放開後再取另一條繩子也不行，先取得的繩子太輕，很快就回到原位。

他的實驗是將受試者分成兩組，一組用鐵鎚釘釘子，一組看得到但並不接觸鐵鎚，結果沒有接觸鐵鎚的那一組比較容易以鐵鎚綁住其中一條繩子，增加繩子重量和減緩繩子回到原位的速度，最後把兩條繩子綁在一起，另外用鐵鎚釘釘子的那一組，就很難擺脫鐵鎚原來釘釘子的功能，解決問題的成效就比較差。

固著在鐵鎚釘釘子的原來功能，阻礙其他舊物新用的創意，這現象是一九四五年心理學家鄧克爾（Karl Duncker）提出的功能固著（Functional fixedness）。功能固著是必須舊物新用以解決問題的心理障礙，是一種認知偏誤，限制個人採取新的角度，彈性解決問題。

功能固著是生來就有的嗎？英國艾塞克斯大學（University of Essex）的日耳曼（Tim P. German）和迪菲特（Margaret Anne Defeyter）設計類似鄧克爾的「蠟燭問題」，發現五歲的小孩不會受功能固著的限制，六、七歲的兒童則開始有功能固著現象，從此實驗我們可以理解幼兒園進入小學階段是「舊玩具新創意」的關鍵發展階段。

日本青森縣的設計師木村尚子，將廢棄蔬果製成彩色蠟筆。台灣興采實業將廢棄咖啡渣，研發出除臭、防晒、速乾的咖啡紗，成為全球獨創的環保機能性布料。

已經存在的萬物都有其各自的功能，但也都可以啟發人類的創造發明，曾在國立科學教育館展出的「仿生特展－從大自然來的絕妙點子」，就是激勵我們如何避免功能固著而向大自然學習，創造發明。

嘴巴除了正規的功能以外還可以用來說好話，工作坊中，有時我會要求每個人說出嘴巴的各種可能功能，有些人怎麼樣都不會說出嘴巴讚美的功能，等他們終於頓悟這些正向功能之後，那種喜悅非常具有感染力，然後我再讓他們分組練習，「笑」果奇佳。避免功能固著，就從嘴巴開始吧。

第四章

擴散／聚斂思考技巧

有科學根據地呼籲創造力的重要性，應該要從當代心理學家吉爾福德（J. P. Guilford）一九五〇年就任美國心理學會理事長一事說起。

他之所以在眾多競逐者中被選上，是因為他已經累積某一心理學領域的成就。他是因為心理測量的成就而當選。他擔任美國陸軍航空基地心理研究部主任時，應用心理測量的專業知識，發現人類的智慧結構，得到ＩＱ測驗無法測量的能力，例如擴散思考（Divergent Thinking）。

邏輯思考、推論為主的聚斂思考（Convergent Thinking）是歸納、是尋求正確答案的。擴散思考則是在尋找各種可能方案和用途（流暢力，Fluency），分門別類後（變通力，Flexibility），再選擇最獨創的觀念（獨創力，Originality），所謂「弱水三千，只取一瓢飲」。有些人比較有動機和能力將原來的觀念中精益求精（精進力，Elaboration）。流暢力、變通力、獨創力和精進力，便是創造力的四個因素。

另一位創造力專家拓弄思（Ellis Torrance），也是在美國空軍負責研究。

吉爾福德和拓弄思都編製創造力測驗，以了解人類擴散或分歧思考的

能力。他們都在美國軍方工作。奇怪的是，一向講求服從、從眾、執行正確答案的部隊，在面臨危機的剎那間，以往認知的正確答案可能無法解決問題，這時他們必須發揮創意，想出有用的可能性。他們兩位學者就這樣從矛盾中脫穎而出。

什麼是擴散思考的創造力測驗呢？以舊報紙為例，問大家舊報紙有什麼不尋常的用途。現在的人比較不會想出用舊報紙擦屁股，可是在早期，這是很常見的答案。

一九五七年，集權國家的蘇聯先送人類到太空，震驚自由民主的歐美各界。當時創造力的重要性無庸置疑、廣被認可。

但從解決問題的角度來看，擴散和聚斂這兩種能力必須交相使用，有時需要擴散，有時需要聚斂，但無論如何，心理學家已經發展出許多技巧，有些專門幫忙促進聚斂思考，有些是在發揮擴散思考，有些是兩個交相使用，有些是在解決問題或面對危機時，刻意使用的方法。

本章總共介紹了十五個促進擴散和聚斂思考的技巧，當我們山窮水盡疑無路時，這些聚斂和擴散的方法，就可以派上用場。

37 — 列表檢核

「一般的列表檢核彈性很大，幾乎適用於各種情境，也比較容易幫助使用者啟發創意。——」—懷丁（Charles Whiting）

我們大部分人都用過「列表檢核」（SCAMPER）的方法來提醒自己，但是卻很少人想到這個方法也可以幫助我們促進創造力。

首創「腦力激盪術」的奧斯本（Alexander Osborn）在他的《應用想像力》（*Applied Imagination*）一書中正式擬出一張檢核表來幫助我們發揮創意思考。如果你想改造某件產品或是觀念，你不妨試試這張檢核表，很有用的。

用來做其他用途：如何舊法新用？如果修正一下，能做其他用途嗎？

改造：有和這構想類似的想法嗎？這構想能否使你聯想到其他方法？過去的經驗裡，是否出現類似想法？有哪一部分可以模仿的？你能模仿誰？

修改：改一下如何？改變意義、顏色、動作、聲音、氣味、形式、形狀如何？或其他的改變？

放大：增加些什麼？把時間延長？把頻率加快？更強？更高？更長？更厚？額外的價值？額外的

元素？複製？增多？誇大？

縮小：去掉些什麼？以別的來代替？更小？更濃？縮影？更低？更短？更輕？省略？簡化？分割？放低姿態？

替換：還有誰可以代替？什麼可以代替？其他成份？其他材料？其他過程？其他能源？其他地點？其他方法？其他語氣？

重新安排：有那些可以互相交換的成份？其他模式？其他設計？其他順序？倒轉因果關係如何？改變步調如何？改變預定計畫如何？

掉換：正反對調如何？對立的事物互換如何？倒轉呢？上下顛倒？角色互換？換雙鞋子？換張桌子？忍受侮辱？

組合：混合、合成、調配一下怎麼樣？合奏、合唱、組織成一個樂團、劇團、舞團如何？把不同的單位組合起來如何？把各種目標組合起來？把各種訴求組合起來？把觀念、想法組合起來？

美國伊利諾州的一位教育行政人員——在今天可以稱為教育創業家——覺得這個檢核表可以幫助老師和學生的教與學創造力。為了方便記憶和使用，重新將這些方法歸納出七個技巧，取用每個字的字首而成 SCAMPER，並寫成書推動：Substitute（替換）、Combine（整合）、Adapt（調整）、Modify（修改）、Put to other uses（其他用途）、Eliminate（消除）和 Rearrange（重組）。

「列表檢核法」有一般和特殊之別，以上這張檢核表是屬於一般的，其方法未必面面俱到，只是偶思朋歸納整理創意人經驗之後的所得，你當然也可以再加以改編、重排、增加、減少，以設計出一

份適合自己的檢核表。

戈德納（Bernard Goldner）就根據這張現成的檢核表加以修改，提出以「相對」（Vice Versa）為基礎的變奏法，例如：重一點或輕一點、黑一點或白一點、陽剛一點或陰柔一點等。

有些人為了特殊目的，就根據列表檢核的觀念和方法，設計特殊的檢核表來達到他們特殊領域中的創造，例如史丹福大學波利亞（George Pólya）教授就設計了一份很好的檢核表，不僅適合解決問題，也可以幫助我們增進創造力，這份依照解決問題歷程而設計的檢核表是這樣子的：

了解問題：還有什麼尚未了解的？現有的資料有哪些？情況如何？從已知的情況可以推出未知的因素嗎？或者不能？或者資料太累贅？相矛盾？畫個圖看看？適當地加以註解？把情況的各個部分分離出來？你能把這些部分寫下來嗎？

設計出計畫：你以前看過這個問題嗎？或者你看過非常類似的問題？知道任何相關的問題嗎？你知道任何可能有用的定理嗎？看看未知的部分嗎！有沒有任何熟悉的部分和未知部分一樣類似？

如果這裡有個和你的問題相關，而且已獲得解答的問題，你知道如何加以應用嗎？你能否利用它的解答方法？你能否找到些輔助因素以便使用它？你能不能再陳述一遍問題？你能再用另一種方法陳述一遍嗎？回到定義吧！

如果你解決不了這個問題，試著先解決某個相關的問題。你能想像出一個比較容易解決而又類似的問題嗎？或者是一個更一般的問題？較特殊的問題？較類似的問題？能解決這個問題的一部分嗎？試著只保留問題的一部分，去掉另一部分！從已知部分可推出多少未知部分？這樣的問題和原來的問

題有怎樣的差別？你能從已知資料導出有用的東西嗎？想得出其他能決定未知部分的資料嗎？你可以改變已知或未知資料，必要時兩者都改變，而使新資料與新的未知部分彼此更接近嗎？你利用到所有的資料嗎？你運用到整個情況嗎？你是否能考慮到有關這個問題的所有必要概念？

實現計畫：實現你想解決問題的計畫，檢查每個步驟。你能看清步驟，確定每個步驟都正確嗎？你能證明每個步驟都正確嗎？

檢查解決方法：你能檢查結果嗎？你能檢查論證嗎？你能用不同方法導出正確答案嗎？你能一眼看出解答嗎？你能運用這個解答方法解決其他問題嗎？

懷丁認為，特殊檢核表的最大用途在於舊瓶新裝、廢物利用，但結果也可能產生新的觀念或方案。無論是一般的或特殊的檢核表，都對創造力的激發很有幫助，你不妨試試看！

38 — 屬性列舉

在多數產品共有的屬性上做變化，獨特的創意比較不容易產生；在每一個產品的獨特屬性上動腦，原創的觀念比較容易出現。

選美通常就是在比較每位參選者各種屬性的組合，這些屬性包括：

年齡、性別、婚姻、生育、教育程度、職業。

身高、體重、三圍、面貌、膚色、髮色、眼色。

機智、才藝、台風、口才、態度、氣質。

髮型、服飾、化妝等等。

上述這些選美的屬性，有些是無法改變，比如身高、年齡以及是否生育過，有些則是可以改變的，例如服飾、裝扮、髮型等等。以上的每一個屬性也能有幾個可能性，比如體重可分為太胖或稍胖、太瘦或稍瘦，機智的反應可以分為富有機智、內容得體、表達幽默、缺乏機智、內容乏味、表達生硬等等。我們可以根據評審委員要求的標準或偏愛的特質，把屬性列舉出來，加以「改進」。以體重為例，如果稍為胖了點，可以利用減肥或妝扮使體重看起來與身高、三圍、面貌搭配得恰到好處，而機智雖然需要長時間的培養和經驗累積，但是如果經過答題的態度和技巧訓練，要「機智」地應付主持人提

出的問題是不難的。

同樣地，我們也可以將任何產品的屬性列出來，加以改進。（哦，對不起，請你不要誤解，我並沒有對選美作任何價值判斷。）

以服裝來說，每一年的流行不外乎是在尺寸、顏色、款式、配件等幾個屬性上打轉。以尺寸來看，有迷你、迷地等等的流行；以顏色來看，今年流行綠色和黑色，其他的顏色也都曾經流行過；就款式來說，露肩、露背、露腰、摺疊、乞丐裝都曾各領風騷（你知道嗎，在日本曾經有人試圖推動露臀裝，但就是無法讓一般人接受）。而就配件來說，可變化的就更多了。

那麼，什麼是「屬性列舉法」呢？這個方法是可勞獲（R. Crawford）提出的，基本步驟有三：

①選擇屬性：從某項產品、物件或某個觀點的主要屬性中，選出需要改進或改變的。

②變化屬性：將選出來的屬性想出各種可能的變化，但是不做任何判斷或評估。

③評估屬性變化：列舉出屬性的所有可能變化之後，再根據標準，一一評估。

一九五〇年代，懷丁教授在寫有關創造思考的書籍時，就曾運用上述三個步驟，說明如何應用「屬性列舉法」改變產品或增進個人創造力。以電話為例，他首先列出顏色、材料、撥號盤和聽筒等四個屬性，再就每個屬性想出可能的變化，以顏色來說，除了傳統的黑色之外，還有其他的任何純色或者五彩繽紛；以材料來說，除了塑膠之外，還可以用玻璃纖維、合金、木材或任何材料的組合；以撥號盤來說，可以用按鍵式取代撥號式；以聽筒來說，可以變化成各種不同的形狀。

懷丁教授一定沒有想到六十多年後的今天，許多人確確實實使電話變化無窮，這也就是為什麼有

人以收集電話為樂的原因之一。

朋友發現我在百貨公司、超級市場、傢俱店、農具店等地方「探頭探腦」，都會覺得非常奇怪，其實一點都不，因為我在這些地方很容易發現「屬性列舉法」帶來的創意效果。

有空你也可以觀察一下各種不同的水龍頭、書籍、縫紉機、服裝、髮型、汽車、杯子、房子、電腦、手機等等，看看今年流行的新產品，是哪幾種屬性變化的結果。

39 — 善做筆記——合法盜用他人靈感

聰明的現代人，不必獨自挖空心思找出路，大夥兒一起動腦筆記，集合眾人的巧思，更具神效。

許多年前的媒體報導中，我發現一個有趣的現象，在一些場合裡（如國建會等），當學者或其他代表在表達意見時，身為總統的李登輝先生和身為行政院長的李煥先生，都有專心做筆記的行為表現。

郝柏村先生在擔任行政院院長，接見教授代表討論時也一樣。

這是最有效的說服或溝通技巧之一，尤其是政府的最高首長，在聆聽那些習慣於自己講解表達、學生聽課做筆記的學者教授時，效果尤其好，這是聽者認為有心誠意聽的意見的肢體語言。

矩陣式筆記勝於大綱式筆記

其實聽講的人如果真要專心一致和增進記憶，做筆記的確是必要的，近年來許多研究也發現：聽講時做筆記的人比不做筆記的人，所得的材料或觀念顯著得多。這種效果不僅反映在授課後的立即測驗，而且能夠持續長久。而同樣做筆記的人，應用矩陣式筆記要比大綱式筆記的效果來得好。

我們常說：人類的潛能無限，事實上，人類立即的記憶廣度是有限的。但如何增進我們的記憶成效？這就是潛能無限可以發揮的地方，尋找比較有效的方法，來幫助我們增進記憶的能量和長期的效果。

創造力可能是人類認知潛能的最高表現，如何發掘並運用有效的方法來增進創造力，也是發揮人類潛能的例證。過去大多數研究創造力的學者，雖然找遍了方法，卻依舊忽略了筆記的重要性。

著名的美國心理學家布魯納（Jerome Bruner）在一九六六年就這樣寫道：「我們對應用筆記、速描、大綱所知很少。」其實廣義的筆記也包括後兩者。筆記不僅用文字敘寫，也可以用圖表及其他方式記錄，作曲家的筆記充滿了樂譜，設計家的筆記則充滿了圖形。

未成形的觀念也值得記錄

我以前的一位同事約翰—斯坦納（Vera John-Steiner）訪問了五十多位美國各行各業成就卓越的創意人，她稱這些人為有經驗的思考者（Experienced Thinkers），筆記是她主要的研究素材，筆記不僅是這些創意者的創造歷程之省思記錄，同時也是增進記憶和創造力的有效方法之一。

的確，許多有經驗的創意者在提出建議時，都會勸告閱聽人：隨身攜帶筆記本，將隨聽、隨觀、隨想都記錄下來。詩人斯彭德（Stephen Spender）就是如此運用筆記的，他寫道：「我的方法是……在筆記本上儘量寫下所有的觀念，不管這些觀念如何的雛形。」

對！就是在筆記本上寫下、畫下或記下所有想得到的觀念，這樣運用筆記本增進創造力的方法，只達到「躲在被窩裡放屁——獨吞」的效果。但如何發揮「豬八戒賣肉——就地取材」以達集思廣義的效果呢？那就是要用集體筆記（The Collective Notebook）的方法。

集體筆記就地取材、集思廣益

這個方法是由赫費爾（J. W. Haefele）提出的，步驟是這樣：

① 在筆記本的第一頁，提出一個問題，然後把一些可能的解決方法寫下來。
② 將這些筆記本分發給工廠裡的每一個員工，每個員工可以在自己的筆記上寫下或畫下他想到的答案。
③ 在特定時間將發出的筆記本全部收回，匯整所有的解決方案並一一評估。
④ 獎勵創意或有用觀念的原創人。

這種方法的好處是：

① 讓員工可以參與決策。
② 可以發掘並鼓勵有創意的人才。
③ 有足夠的時間讓觀念孕育。

④適合每個人的習性。有些人在晚上失眠時想到觀念，有些人則在洗澡時想到觀念，有些人則在郊遊時創意不斷。

這種集體筆記的方法不僅適用於工廠，而且適用於各種正式或非正式的團體或組織，尤其適用於今天的家庭、友誼團體或上課學生。這種集體筆記的方法不僅可以增進創造力，了解每個參與者的思考方法，利用別人的資源解決自己的問題，還可以有溝通的效果。

也能昇華感情、互相支持

如果溝通的目的強烈的話，可以只用一本筆記便可達到目的，方法是在第一頁寫下問題及可能解決的方案，然後寄給第二個人，第二個人可以在後面的頁數上先寫下自己的可能解決方案，然後再寄給第三個人，如此類推。

在同一個辦公室或同一個教室裡，集體筆記是最方便的方法。一九七五年我在剛接政大心理系的行政工作時，希望透過最簡便的方法了解學生，就在共同的教室裡置放一本隨想簿。結果是否增加了學生的創造力，不得而知，我個人倒是從這個集體筆記中得到許多從未想過的觀念。

最近我也在一所高中的教室裡發現這個方法，其中有一位學生寫道：「我失戀了，需要安慰。」結果發現筆記本內充滿了安慰的話，及擺脫情感的束縛、發奮圖強的建議，例如：

「活該！早就告訴你不要去碰那個冷血動物，你不相信。」

「好了！我們同病相憐，你不是唯一被她三振出局的帥哥。」

「別貪圖安慰了，我們讀高中的目的是幹什麼？升學。」

這種集體筆記的方法，不僅可以增進創造力、昇華情感，也可以達到互相支援的效果。

你有沒有想過我們也可以用集體看板、傳真和電腦等等方式來達到集體筆記的效果呢？

席博德（Steve Siebold）於二〇一五年發表累積了三十年的研究，這三十年中，訪問超過一千兩百名世界富豪，發現他們的共通點——透過閱讀自學。股神巴菲特估計自己80%的工作時間都專注於閱讀，並將喜歡且有用的書推薦給比爾．蓋茲。比爾．蓋茲從小就喜歡閱讀，現在一年讀五十本書，並在部落格「Gates Note」發表書評，與粉絲分享，也影響書的銷路。

40　生物啟思——尋花問蟲激發創造力

魯班被鋸齒草葉割破手而發明鋸子；德國工程師模仿蛙眼而設計了地速高度指示儀。向生物討教發明，不失為尋求創造的最佳途徑！

想像你我生存在兩千多年前的春秋時代，沒有鋸子、沒有刨刀、沒有鑽和鏟、沒有墨斗和曲尺，想要蓋一間房子，怎麼辦？

創造發明就是了，還怎麼辦？

現在說起來容易，那時候做起來可不簡單。土木工匠祖師魯班就遵照閣下的意思去創造發明。

魯班本來就是做土木的，但如何很快地將樹木砍下來，再「加工」整理得很平整，的確非常困擾。魯班不斷嘗試，終於「踏破鐵靴無覓處，得來全不費工夫」，他首先發明了鋸子。

魯班被草割傷而發明鋸子

說「得來全不費工夫」並不完全對，他的靈感是從「血的教訓」中得來的，事情是這樣的：

有一次，他為了趕工完成一項建築，和徒弟一連幾天上山砍柴，還是供不應求，在疲憊和焦急中，

一不小心，手被一種野草的葉子割破。魯班便摘下一片葉子仔細觀察，原來葉緣的兩邊都長著很銳利的鋸齒，他的手就是被鋸齒割破的。無巧不成書，魯班也在這時候看到一隻大蝗蟲吃草葉，魯班便抓著大蝗蟲細心察看，原來蝗蟲的兩片大板牙上也排列著鋸齒，蝗蟲就是靠這些鋸齒咬斷草葉。

魯班便從這原本無關的兩件事上得到啟發。他先用大毛竹做成鋸子，你可以想像得到，竹片上雖有鋸子的功能，但很快便會折斷；你也可以想像得到那時代已有鐵器，當然他會以鐵來代替大毛竹，鐵鋸因而發明成功。

魯班繼續創造發明，刨刀、墨斗、曲尺等就這樣「應創而生」，這也就是為什麼我們不能「班門弄斧」的原因。

在李白墳前題詩，就像在魯班面前班門弄斧，都是自不量力，「班門弄斧」就變成自不量力的比喻，比喻本身就是創造。李白是唐朝人，是詩人；魯班是春秋時代的人，是工匠，兩人本來毫無相關，可是在明朝萬曆年間，一位叫梅之渙的文人，看不少人在李白墳前題詩，於是他就在這些人的詩後面題上一首絕句：

采石江邊一堆土，
李白之名高千古。
來來往往一首詩，
魯班門前弄大斧。

這原本無關的兩件事情，因同時巧妙地比喻自不量力而發生關聯，這當然包含了創造的歷程。

魯班的發明鋸子，也是一種比喻，不同的是，他從動植物的鋸齒構造上及其劃破或咬斷的功能上，推想出另一種在結構功能上類似的工具，先是竹鋸，後是鐵鋸，這種利用比喻來創造的方法稱之為「生物啟思」（Bionics）。

動植物是創造和靈感的來源

具體地說，「生物啟思」是一種問題解決的策略、系統設計的技術，在啟思的創意上來說是一種直接比喻的方法。怎麼比喻呢？「是從研究動植的構造、功能、運作當中獲得設計的觀念或資訊，以做為人造系統的比喻。」

由於科技的發達，我們所設計的機器、工具、系統等等，是日新月異的。如果這些機器、工具、系統的運作成功，那就顯示一切都是在設計者的預測之內，但設計再怎麼精密，也會有意外的事故發生，如美國挑戰者太空梭不在99%的把握下，是不會令其升空的，但還是發生了意外。

為了避免意外事故的發生，為了增加機器、工具、系統的可靠性、敏感度、選擇性、操控性、速度和加速度，而且減少其體積、重量、能源的消耗等等，有一些學工程的人便從動植物方面獲得創造或改進的靈感和觀念，也就是把機器、工具等等比喻成一種動物或植物。所以通常是由工程和其他的生物或物理科學方面的專家組成科技整合的研究小組。當然跨領域的個人同時擁有這些背景就可以自力更生、獨自創造了。

蛙眼能幫助解釋雷達顯像

青蛙和甲蟲的眼睛分別具有不同的功能，是人眼無法比擬的。生物啟思研究者便可從中取得創造發明的靈感。

蛙眼可以執行五種個別功能，可以全神貫注於在背景物前移動的目標，如小昆蟲之類的東西，而且同時也可以完全不受背景物的影響。不管這些背景物在移動中或靜止中，蛙眼都可以無動於衷。

美國的約翰普金斯大學的應用物理實驗室，便是以蛙眼的這種集中注意「形象」，而完全忽略「背景」的功能，設計一種機器以解釋雷達顯像。這些生物研究者所設計的機器可以在雷達螢幕上分辨出目標物和背後的噪音。

甲蟲眼睛的功能則啟動了飛機地速高度指示儀的設計發展。德國的一位生物學家和一位工程師，經過一系列的實驗之後，所獲得的結論是這樣的：生活在陰暗世界的甲蟲，在察覺異動時，是藉由視網膜平面來收集變動的光訊，並依光訊到達腦部中心時間的先後，整合訊息以判定速度和方向。

地速高度指示儀使用兩個電子照相槍，一個裝在飛機的機首，一個裝在機尾。機尾的電子照相槍接收同時變化的光譜，在設定好的時間裡進行照相，以測量速度；裝在機首的電子照相槍則負責監控。在應用時，這套裝置將會用適當的速率推轉照相槍的底片。

電子是運用生物啟思最明顯的領域，但其他領域如機械、溫度、水力和化學系統的設計也都會運用到生物啟思的方法。

電腦是模擬人腦的思考方式

生物啟思的方法通常包含三個步驟：

①生物模式的研究與描述。

②盡可能將生物的描述轉換成數理或邏輯模式。

③再根據這些數理的模式來發展硬體的模式。

美國空軍航空系統的部門（Air Force Aerox）便將他們的生物啟思的研究分成三個領域：

①醫學的生物啟思（Medical bionics）。

②理論的生物啟思（Thereotical bionics）。

③工程的生物啟思（Engineering bionics）。

這三個領域及其順序剛好與一般的生物啟思步驟不謀而合，不過在很多情況，只要研究生物的功能，就可以產生很多的觀念來解決工程上的問題。

有什麼動植物可以啟思我們呢？那就太多了，動物裡如：海豚、鯨魚、候鳥、青蛙、蝙蝠、昆蟲、響尾蛇，哦！對了！動物當然也包括人在內，所謂電腦和人腦的比喻就是人類做為動物的一種貢獻。

文學也引用植物來做比喻

生物啟思做為一種促進創造力的方法的確是一門專業的學問，而今天科技的發展也不是魯班那個時代可以比擬的。對大多數的我們來說，生物啟思是可以擴大其含意及用途的，其實，沒有以動植物做為比喻，人類的文學、語言和生活就可能不會這麼豐富了。「狼心狗肺」「如魚得水」這是多麼鮮活的語言；「採菊東籬下，悠然見南山」這是多麼美的詩句；「汽車是不吃草的馬」這是生活中多麼貼切的寫照。

在教育方面，喜歡工程、設計，而不喜歡生物的人，多了一個理由可以研究生物。喜歡生物，但卻又不知道怎麼應用的人，也可以擴充應用的領域。兩者都喜歡的人，不必要在魚與熊掌不可兼得中掙扎，並且可以享受學習上的齊人之福。

小時候，我多次被林投葉割傷過，但從來沒有從這種血的教訓中獲得發明鋸子的靈感，甚至連林投葉和鋸子兩者中的任何關聯都沒想到過，倒是因為罵過一個女孩子：「妳是『林投葉』！」害她哭得死去活來，我也因此挨了母親一棍。

41 型態分析——穿透未知的型態分析思考術

多重的思考方式不僅可幫助我們發現自己未知的一面，甚至遇到生活難題時，也有助於想出一些意想不到的新點子。

我到底是誰？我要用什麼方法比較能夠具體而又有系統地發現並改進自己？

透過「周哈里窗」來了解自己

兩位心理學家周先生（Joe Luft）和哈里先生（Harry Ingham）用一扇老式的窗戶來幫助我們發現並改進自己，這個名為「周哈里窗戶」（Johari Window）的作法是這樣的：

首先，我們可以從兩個角度來看看自己——第一個角度是自己看自己，第二個角度是從別人的角度來看自己。這兩種角度也可以稱為兩個向度。

然後，我們再分別將兩種角度或向度分成知道和不知道兩個成分或含素，因此，我們就可以把自己分成四個部分，分別是：

一、公眾我

這一部分是自己知道自己，同時別人也知道我自己的部分。我們的膚色、穿著，以及自己清清楚楚、別人也清清楚楚的優缺點，都包括在裡面。

二、祕密我

這一部分是自己知道，別人不知道的我，這當然就是祕密我。

三、背脊我

這一部分是別人知道自己，而自己反而不知道的部分，又稱為口臭我。自己通常都不知道自己有口臭，但別人卻很清楚。

四、潛在我

這一部分是自己和別人都不知道的我，是有待開發的處女地。

這兩個向度，以及每一個向度各含兩個含素或成分，就構成了（2×2）四個我。我們可以用一個簡單的圖（圖一）來表達。

如果我們活得坦蕩蕩、開放自如、發揮潛能，我們公眾我的部分就會相對地增加，祕密我、背脊我和潛在我這三個部分就會相對地減少。

如果我們的祕密太多，有話藏在心裡，那就表示自己知道很多

	自己知道	自己不知道
別人知道	自由活動領域（公眾我）	盲目領域（背脊我）
別人不知道	逃避或隱藏領域（隱私我）	處女領域（潛在我）

圖一　周哈里自我知識紀錄表

事情，而別人都不知道，那麼公眾我的部分就會受到祕密我的影響，而相對地減少。

如果我們只顧自己講話，沒有機會傾聽別人——蒐集別人對自己看法的資料，那麼，背脊我的部分就會相對的增加，因而縮小了公開我的範圍。

如果我們的潛能發揮得淋漓盡致，那就表示我們幾乎沒什麼祕密我和口臭我，在這樣的情況下，公眾我的領域就非常的大。相反的，如果我們非常閉塞，自己和別人都不了解自己，那就表示我們的潛在我太大，而公眾我太小。

增加公眾我，開發潛在我

有了這麼一個窗戶來幫助我們了解自己，下一步便是如何改進自己。心理學家當然希望我們生於斯長於斯的社會是開放的，在這個開放的社會中，我們互相了解、互相尊重。要互相了解、互相尊重之前，當然要先了解自我、尊重自我，能夠達到這個境界，那就表示公眾我遠超過潛在我，相對的，祕密我及背脊我也減少了。

如果一個人覺得寂寞，缺乏知己，有話不知向誰訴說，那就表示他的祕密我太多，改進自己的最好方法就是透過自我坦露，或自我表白（Self-disclose）的社會技巧，使自己的優缺點，尤其是自己的優點，讓別人了解，假以時間，祕密我會相對地減少，潛在我也發揮了，公眾我也增加了。

假設另外有一個人只管講話，不傾聽別人，別人總在背後罵他，那就表示他的口臭我太多，但大

部分的人都因為缺乏參與表現的機會，或極少獲得心理學家的幫助，很難發揮潛能。為了減少口臭我，發揮潛在我及增加公眾我，心理學家建議我們利用社會回饋（social feedback）的心理技巧來獲得別人對自己看法的資訊。

周哈里窗戶的發現本身就是創造，對自我了解和心理輔導貢獻實在很大，而這個發現可以說是應用形態分析法來促進創造力的一個最簡單的例子，周哈里本身並沒有說他是使用形態分析法，然而受過統計訓練的人，都會自動自發地使用形態分析法。

那麼，是誰先提出形態分析法？

非常有意思，最先提出，並且發展形態分析的，卻是一位天文學家茲威基（F. Zwicky）博士。艾倫（M. Allen）很快地將形態分析法的觀念和方法介紹給大眾，書名就叫「形態創造力：你潛在腦力的奇蹟」。一九六九年茲威基自己也正式以《透過形態分析從事發現、發明和研究》一書，將形態分析法介紹給大眾，從此，形態分析法就光明磊落地進入創造力的書籍、教學、企業、工業及日常生活當中。

我們的智慧大都有待發現

那麼，如何利用形態分析法呢？

首先是將問題分成幾個獨立的變項或向度，然後再將每一個變項或向度分成幾個成分，這些向度

和成分就可以合成不同的關係、情境或解答，就像周哈里窗，自己和別人是兩個向度，知道與不知道是兩個含素，然後合成四個我，我們再根據這四個組合，一個一個去思考，以便發揮創造力或解決問題。

舉例來說：一九五八年，懷丁就提出形態分析法可能的應用，他想要解決的問題是「如何發展新的牛奶包裝方法」。他將這個問題分為三個角度或獨立變項來分析，這三個變項是：尺寸、形狀和材料，然後再將每一個變項分成幾個含素，例如：尺寸可以分為品脫（八分之一加侖）、夸脫（二品特）等等；形狀又可以分為正方形、長方形、橢圓形等等；材料又可以分為玻璃、塑膠、紙等等。

懷丁因而發現了二二二個組合或解答方案，當中有些組合或方案已經有人用過，有些是不實用的，把這些不實用的和已有的除外，剩下來的就可以一一地思考，不是每一個答案都可以用，但每一個都很有潛力。

在談周哈里窗戶的時候，光是智慧的能力一項，我們就很可能都只停留在潛在我的部分，也就是說：「我們的智慧大都有待發現。」我們都知道智商很重要——可是智商只是我們一部分的能力而已，但智力測驗並沒有包括創造力，因此，你如果智商平平，但創造力高，那麼，你很可能在我們這個僵化的教育制度和實施中被犧牲掉了。

心理學家吉爾福德（J. P. Guilford）提出了這樣的一個問題：「人類的智能到底有多少種？」首先他將問題分為三個向度，也就是說，人類的思考可以從內容、程序或歷程以及思考的結果或產物三個角度來觀察分析，然後再將這個向度分成幾個類別。

思考的內容反映出人各有志的興趣，可以分為四個部分，即：符號、語意、圖形和行為。思考的程序或歷程則可以分為認知、記憶、歸集或聚斂思考，分歧或擴散思考以及評鑑等五個部分。這五個部分又有高低的分別，評鑑最高最難，而認知最基本最容易，其餘類推。思考的結果或產物又可分為六類：單位、類別、關係、系統、轉形和含意，這六個產物也有等級的分別，單位最簡單容易，而含意最複雜最困難。

因此，我們的智慧至少有一二〇種的組合。（4（內容）×5（程序）×6（產物）等於一二〇）。

後來吉爾福德又將程序或歷程中的記憶分為「記憶的收錄」和「記憶的保存」，從原來五個程序變成六個。他也將內容中的圖形一分為二，即視覺和聽覺，因此，從原來的四個內容變為五個。這樣，他的智能結構就成為5（內容）×6（程序）×6（產物）等於180（下頁圖二）。他運用型態分析的技巧將複雜的智能結構清晰地分類歸納整合。

單從思考的歷程來看，傳統的智力測驗只包括認知，記憶和聚斂思考三個層次，忽略了擴散思考和評鑑。而創造力主要是依賴擴散思考，所以說，傳統的智力測驗並沒有測出創造力來。

吉爾福德應用的方法，其實就是形態分析法，只因他本人是優秀的測驗統計專家，他用的是統計上的因素分析法，但二者卻是不謀而合。不過，吉爾福德立方形的圖形幫助很多人運用形態分析法來增進創造力。

穿衣服怎樣才能變化多端？

前面舉的例子，似乎和我們的日常生活沒有直接關係，所以最後舉一個簡單的生活例子。問題是：怎麼穿衣服才能面面顧到而又變化多端呢？

最起碼，你可以將這個問題分成服裝顏色、項目和場合等三個獨立變項，再將幾個變項分成幾個成分，如：將顏色分成你較喜歡的灰、黑、白、紅、黃、綠六色，將你已有的項目分成圓領短袖上衣，長袖露肩的上衣、百摺過膝的裙子，緊身的迷你裙、十種不同形狀的耳環，及五種不同形狀的圍巾、六種不同的項鍊，共二十五種項目。再將場合分成：在家休憩、參加喜宴、觀察表演、參加丈夫業務上的應酬、自己的應酬、上班等十種場合。這樣，你至少有6×25×10等於一千五百個可能的組

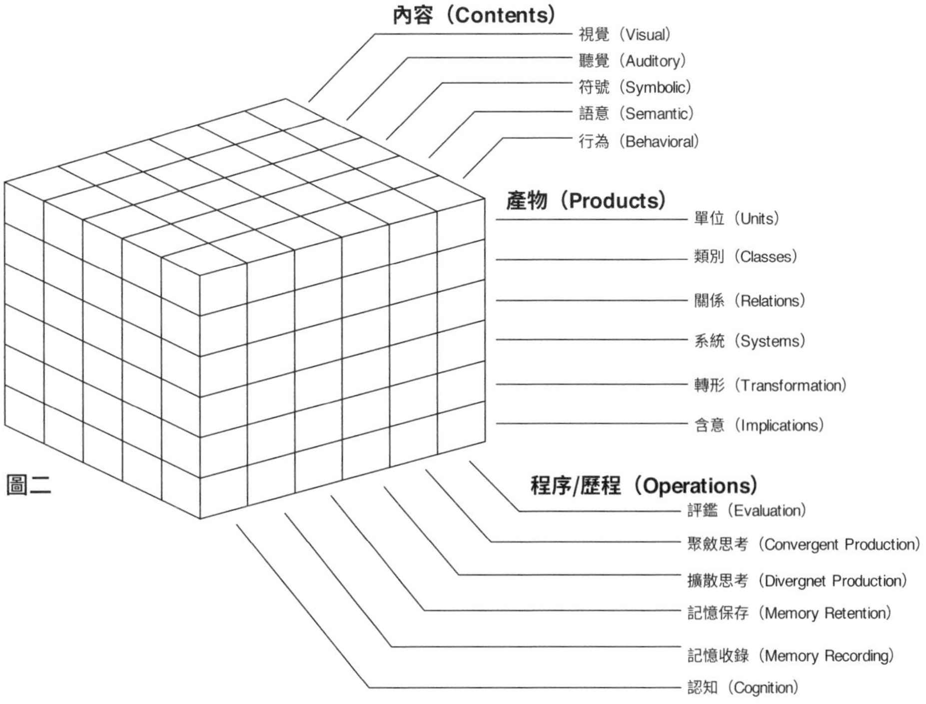

圖二

合，排除不可能的搭配以及不實用的組合以外，還是可以有很多變化。

的確如艾倫所說的：「運用形態分析法可以幫助我們對任何的問題找尋多重的答案，因而增進了我們的腦力，開發了我們的潛能。」

42 分門別類——電腦是男生還是女生？

法語老師提醒學生，根據法語的文法，房子是女性，鉛筆則是男性。但在英文裡面，這些名詞卻沒有性別之分。一名學生突然問老師：「那麼電腦的性別呢？」這位懂得學習者中心的教師，就讓學生分成男女兩組，帶開討論，由他們決定電腦的性別，不管結果如何，都必須提出四個理由。

男生組認為電腦應該是女性，因為①除了發明者以外，沒有人了解她的內在邏輯；②即使最細微的錯誤，也會保存在她的記憶體內，以便事後可以存取；③只要你對一個做出承諾，事後會發現要花上你一半的收入添購她所需的周邊商品；④你跟她相處的時間越長，就越離不開她。

女生組的結論是電腦應該是男性，理由是：①為了得到他們的注意，你必須要先「開機」；②有邏輯、系統性強，但受到病毒誘惑時，馬上就潰不成軍；③聰明、資料多，但就是不解風情；④只要你對某一個有所承諾，馬上就會了解，下一個會更好。

這是在網路上廣為流傳、版本大同小異的笑話，應用美國喜劇經常以異性的刻版印象做為性別分類的屬性，來比喻人對電腦不同的看法。

人類其中一項聰明之處就是應用分門別類的方法將世界化繁為簡，幫助學習、記憶、分析和預測，以便了解世界。好比日本人非常善用收納箱整理，會依據顏色、尺寸、形狀、功能、特質或屬性等分

類。

心理學家波斯費德（W. A. Bousfield）和賽奇威克（C. H. W. Sedgewick）做實驗時，意外發現受試者在自由回憶時，會運用自動類聚的方法，將實驗者呈現的字詞自動歸類為動物、蔬菜、人名和專業四個類別。後來的研究也陸續發現受試者在回憶時，同樣會將事件、物體、故事等自動類聚。這些研究顯示，自動類聚的確可以增進記憶總量和促進學習效果。

多年前我在紐約主持幼兒園兒童的肢體語言工作坊，看到會場旁有許多不同尺寸的紙箱，靈機一動讓小朋友兩人一組，去想要如何把這些箱子搬到另一角。有趣的是，會按照尺寸分類收納的同學，果然花最少的時間就完成任務；也有兩組雜亂無章的搬運，速度確實比較慢。而事後組內的愉快程度也馬上看得出來，越會分類收納得越開心。

接著是肢體語言的創造力，我請每一組運用不同的組合方法，將箱子搬到對面去，但每一次的搬法都要不一樣。馬上看出有些組的小朋友創意無限，也有些組的小朋友一、兩次之後就不知道要用什麼方法把箱子搬過去。

不管是圖畫、文字、肢體或任何觀察到的現象，或學習的材料，都可以讓兒童學會分門別類、自動類聚，而增加他們學習、分析和記憶的效果，同時也可以不被類別所綁，而發揮創造力。

從小看大，在今天資訊爆發的時代，懂得自動分門別類、存取容易，在解決問題和創意思考時，比較能夠自發性地連結正在探討的議題。

我喜歡逛日本的文具店和家具店，新型收納整理的產品不斷推出，有趣也有用。網路上也不少程

式幫使用者存筆記。YouTube上充滿了將時間快轉、重新組織的動態資訊，例如一五〇〇至二〇〇〇年世界最大城市的變遷、一九六九至二〇一九美國流行音樂暢銷排行榜的變動。

美國俗稱天才獎的麥克阿瑟獎（MacArthur Fellow Program）則從空間分門別類有關天才的地理異動情形，七〇一位得獎人的出生地和得獎時的地區，非常不一樣。79%的天才得獎時，已離開出生地。他們往哪裡走?當然是工作機會大、「客戶」多的紐約、洛杉磯、舊金山等，這也是為什麼猶太人不管移民到哪個國家，大多數都往機會多的大城市跑。

分門別類的確幫助我們理解世界、發展創意。

43 — 比喻類比

人生就像大便——到底是什麼意思？

人生怎麼會扯上大便？兩者之間又有什麼關係？

但如果能想出新奇的點子連結兩者的相似或共同點，而且這個新奇的點子是有意義或有用的，那就是創造力了。

二〇〇〇年十一月十九日，我在往台中的火車上打開台灣日報的副刊，看到了「人生就像大便」這個標題，好奇的往下讀，突然茅塞頓開！現在摘錄五個讓我驚喜的比喻：

人生就像大便：一旦沖走了就不會再回來。

人生就像大便：怎麼拉都是那個模樣，可是每一次又不太一樣。

人生就像大便：有時拉得很爽，有時卻拉得五官糾結。

人生就像大便：想要怎麼結果，就要先怎麼栽。

人生就像大便：就算你點綴得再漂亮，其本質還是一樣。

⬇你要認真的融入你的生活

人生和大便原本是無關的，人生是宏觀的、是抽象的。而大便則是微觀的、是具體的。有人用比喻感嘆生命無常、人生苦短，李白〈將進酒〉中的「君不見黃河之水天上來，奔流到海不復回？君不見高堂明鏡悲白髮，朝如青絲暮成雪？」多麼引人深思、感同身受，所以他會反思提醒自己和讀者「人生得意須盡歡，莫使金樽空對月。天生我材必有用，千金散盡還復來。」

也有人用比喻表達人生是多采多姿和充滿驚喜。電影《阿甘正傳》中有一句經常被引用的比喻是「人生就像一盒巧克力，你永遠不知道會得到什麼。」美國的巧克力盒中裝了各種不同顏色、形狀和口味的巧克力，沒有標籤，所以真的不知道會吃到的是什麼口味。在美國的文化中，巧克力是迎送往來的禮物，應用多數人都有的經驗和愛好來比喻人生的多采多姿、變化無常甚至意外驚喜的現象，會被引用也就是因為它的貼切。

理解人生的確很難，但用比較具體或比較熟悉的人事物來比喻，可以讓我們很快的體會宏觀的人生。

但也有人對人生的看法是比較持平的，例如林語堂說：「人生讀起來幾乎像一首詩，他有自己的韻律和節奏，也有生長和腐壞的內在週期。」但林語堂畢竟是樂觀的，才會有「生活藝術」的主張。我們可以用不同的角度來感悟人生，林語堂從讀詩的角度來比喻人生的閱讀，而日本的芥川龍之介則拿火柴來比喻人生的態度：「人生好像一盒火柴，嚴禁使用是愚蠢的，濫用則是危險的。」民主、自由、創意、表達，就連「性」都是一樣的，如何拿捏得宜，真的需要創造力、經驗和智慧。

不管我們對人生的看法是樂觀的、悲觀的或是悲喜交集的，我們都要認真的融入生活。「人生就

像大便」的系列比喻就是提醒我們「要融入生活」，不是每個人都有詩詞的文學造詣，但每個人每天都需要大便，也常會吃巧克力或使用火柴（打火機），利用日常生活中的大便、巧克力和火柴比喻人生，希望大家融入生活，容易讓多數的人理解甚至感悟人生。

以上的這些比喻稱為明喻（Simile），所謂明喻基本上是用一件大家比較熟悉或具體的人、事、物，運用「好像」「就像」「有如」等喻詞來比喻陌生或抽象的事情或人事物，例如運用大家熟悉的、具體的大便、巧克力和火柴來比喻「陌生」或「抽像」的事情如人生。

比喻中有所謂比喻主體、喻體和喻詞三個基本元素，主體是被比喻的部分，英文叫 Target（目標），人生就是主體。而喻體則是用來比喻主體的人、事、物，英文稱為 Source（來源）。喻詞就是媒人，通常在明喻裡面的喻詞會用「像」「就像」「好比」「好像」「如」「似」「仿」「宛如」「打比方」「有如」「如同」等等，而真正的創意點子則是在媒人——喻詞，將主體和喻體連結之後的共同涵義。因為「人生就像大便——一旦沖走了就不會再回來」，所以我們要「融入生活、珍惜人生」。

相對於明喻就有所謂的暗喻或隱喻，英文稱之為 Metaphor，暗喻和明喻不同的部分在喻詞，隱喻使用的喻詞包括「是」「成為」「變成」「成了」等等。暗喻在表達本體和喻體之間的關係，比明喻更為緊密，所以不會說甲好像乙，而直接說甲就是乙，不說「人生就像大便」而說「人生是大便」；同樣地，不說「人生就像巧克力」而說「人生就是巧克力」。

許多人喜歡引用莎士比亞的一句話「世界是座舞台，所有男女都是演員，各有其出場和入場。」世界是一個宏觀複雜的形象，很難理解，但莎士比亞用大家可以具體化的、有經驗的舞台來比喻世界，

讓我們可以輕而易舉地理解或感受世界與我們在世界中所扮演的角色。把這個隱喻改一下，變成「世界好像是一座舞台」，那就是明喻了。

明喻和暗喻之外還有借喻（Metonymy），借喻比暗喻更進一步，把「是」、「成為」等等的喻詞和被比喻的主體都省略掉了，只剩下喻體，所以喻體就是本體。「龍游淺水遭蝦戲，虎落平陽被犬欺」，被省掉的主體是指能幹或有才能的人一旦離開了自己的地盤或專業，就被小人欺負或輕視。所有的喻詞也都省略了。

紀政參加奧運時被譽為飛躍的羚羊，所以當她得獎時，新聞的報導大多是這樣表述：「飛躍的羚羊，勇奪奧運銀牌。」飛躍的羚羊是喻體也是主體，因為大家都把紀政或是田徑好手的主體，以及「成為」「好像」「是」等喻詞都省略掉了。

同樣地，二〇一二年一月十一日，台裔美籍的年輕人，哈佛大學畢業生——林書豪，是NBA選秀的落榜籃球選手，卻在幾個球隊未曾看好又在尼克隊多次坐冷板凳的情況下，因緣際會中出場競賽，因得分三十八分加上七次助攻而戰勝湖人隊，成為籃球明日之星。短短幾天變成各大媒體上的風雲人物，雅虎體育版就以「曼巴殺手」（Mamba Killer）在頭版上直接稱呼他。

曼巴是一種非洲毒蛇，毒性強、速度快、攻擊力大的蛇類，在形容的標題中只出現喻體的曼巴殺手，而把主體林書豪或籃球高手以及明喻的「好像」「彷彿」、暗喻的「是」「成」「為」都省略掉了，主體和喻體合而為一，這也是借喻。

在我們的日常溝通裡，平均大約每十句就會有一句是比喻。成語、歇後語、諺語等這些生活智慧

的結晶幾乎是比喻的大集合，光是以「如」這個字起頭的成語，我們馬上就可以想到如影隨形、如坐針氈、如膠似漆、如雷貫耳、如虎添翼、如魚得水等等。武俠、生活中的語言，運用動物的比喻多如過江之鯽。

歇後語也充滿了比喻，例如「泥菩薩過江——自身難保」「老鼠過街——人人喊打」「矮人爬牆——欠梯（揍）」「貓哭耗子——假慈悲」「王八看綠豆——對了眼了」「老太爺喝稀飯——無齒（恥）下流」。

台灣的諺語中也幾乎都是比喻，例如「放尿作水災，放屁做風颱」是指吹牛說大話、「桌頂（上）吃飯，桌跤（腳）講話」則是指拿人好處不但不心存感激，還在背後抱怨。

科學上的比喻、設計上的比喻、肢體上的比喻、政治上的比喻，比比皆是。比喻不僅是創意的來源，也是一種創意的技巧，這幾年來在教師的訓練上，特別加強如何應用比喻教學，協助學生理解科學，如何應用學生熟悉的、具體的概念或事物，透過比喻教學來學習陌生的、抽象的數理概念，許多研究都說明，運用良好的比喻教學會激發學生的學習動機，學會難懂的概念、增進批判思考和創造能力。

比較有趣的是政治上的比喻，加拿大麥基爾（McGill）大學教授丹巴（Kevin Dunbar）研究加拿大政治人物，從媒體上的報導分析政治人物使用比喻的情形，發現政治家經常使用比喻，本體當然是跟政治有關的，但喻體通常都是非政治的，這些比喻使用得當，也就是使用比較有深度且易懂的比喻通常都比較有效。

在台灣我印象最深刻的一個政治比喻，是林洋港在剛當司法院院長時說的「司法像皇后的貞操，不容懷疑！」未必所有的皇后都貞潔，但不容懷疑。同樣地，不是所有的法官都正直，但身為司法院長，他運用這樣的比喻希望大家不要懷疑。

比喻的英文是 Analogy，也有人將它解釋為類比，心理學上有關比喻的研究，常常使用另外一種格式，如 A : B = C : D，也就是說 C 之於 D 就像 A 之於 B，例如黃公望之於畫有如李白之於詩，大之於小正如高之於低。

在美國的高中入學測驗 SAT 和研究所入學的 GRE 都包含這種形式的比喻測驗題。一些研究所仰賴的入學測驗——米勒類比或比喻測驗（Miller Analogies Test），簡稱 MAT，則顧名思義，全是這種題型的比喻測驗。

既然各種學術領域或不同行業的生活都充滿了比喻，比喻又擁有這麼多的好處，所以應用比喻教學就變成優良教師的必備條件。其實在生活中我們也可以樂在其中地玩比喻。在我的「創造思考」課程中，有一堂課專講比喻，就讓學生分組並集思廣益地發想比喻。政治、寂寞、快樂、感恩、孝順、正直、責任這些抽象的價值可以透過具體或大家熟悉的例子適當地比喻。

在責任這個主題中，有一位研究生突然冒出「責任就是女朋友腹中的孩子！」同學們都笑成一團，這位同學在他婚禮時一定要我去擔任證婚人，因為從那次以後，他體悟到他一生都要對當時的女朋友也就是後來的新娘，負起賢夫的責任。

和小孩子玩比喻樂趣無窮，例如正在學英語的小孩可以玩 A : B = C : D 的遊戲，如① In is to

out as Up is to Down"；② Wheel is to Bike as Tire is to Car"；③ Eye is to Sight as Teeth is to Chew"；④ Bird is to Fly as Fish is to swim 等等，有幾種不同的玩法，一種是將 Bird is to Fly as Fish is to ____ 最後一個字空下，提供幾種選擇或填充，另一種是只寫出 "Bird is to Fly as..." 然後由小朋友自由發揮創意和推理。

如果小孩喜歡聽流行歌曲，也可以讓他們在歌詞中尋找各種比喻，例如周杰倫〈龍捲風〉中的「愛情走得太快就像龍捲風」，SHE〈熱帶雨林〉中的「幸福只是水中的倒影」等等。

最簡單的玩法是運用「人生就像大便」的比喻格式，大家以「讀書就像什麼？」「親子關係就像什麼？」等等，一起腦力激盪。

誰怕無聊！玩玩比喻，不僅可以消除無聊，還可以增加創造力。

以下為上「創造思考」相關課程時，學員發想的「比喻（明喻）」例子。

一、上吳老師的課

① 像潘朵拉的盒子一樣，隨時都有驚喜
② 像在家一樣，任何姿勢都可以（躺著、趴著）
③ 像吸毒一樣，立刻就上癮
④ 像催眠一樣，不自主就來了
⑤ 像戀愛一樣，開始時很興奮，後來就很痛苦
⑥ 像看喜劇，笑完後就忘了劇情

⑦可以輕鬆談「性」
⑧像邋鞦韆一樣，心情忽高忽低
⑨像讀幼兒園一樣，可以玩又可以讀書
⑩像看股盤一樣，心情起起落落
⑪像魔術師一樣，不知下一樣是什麼
⑫像上廁所一樣，上的時候很痛苦，上完就很爽
⑬像參加天體營一樣，想偷窺別人，又不想被別人看到
⑭像不測風雲一樣，不想碰到還是碰到了
⑮像出國跟團一樣，只要輕鬆付費後，就不要傷腦筋了
⑯像要把腦漿擠出來
⑰像生孩子一樣，生的時候痛苦，生出來覺得有成就感
⑱像餘音繞樑，不絕於耳
⑲像政見發表，不知牛肉在哪裡
⑳像練功夫一樣
㉑像摸蜊仔兼洗褲
㉒像做愛一樣，很滿意，很期待下一次
㉓像雙人枕頭，缺一（伊）不可

組員：瞿宗耀、林正立、劉雅惠、楊小惠、鄭智偉

二、上課像什麼

①上課像放屁，又臭又長，又嗶嗶啪啪
②上課像聞臭屁，很難受又不能出聲
③上課像飲食，有時粗茶淡飯，有時要山珍海味
④上課像約會，又期待又怕被老師傷害
⑤上課像談戀愛，必須一個願打，另一個願挨
⑥上課像潮汐，低潮中也會突然有高潮
⑦上課像賭博，常需三五成群挑燈夜戰
⑧上課像囚犯受審，終結宣判之後才知是死還是活
⑨上課像刷牙，用牙膏比只用水清香
⑩上課像戴眼鏡，大家都會選擇寶島做的
⑪上課像婚姻，外面的人想進來，裡面的人想出去
⑫上課像美女洗泡泡浴，想看的重點又看不到
⑬上課像小孩子玩耍，不知道下一招是什麼
⑭上課像政治，上有政策，下有對策

⑮上課像看電視，坐著坐著就睡著了

⑯上課像在大海中游泳，浮浮沉沉

⑰上課像搭車，人在車內，心在車外

⑱上課像回家，喜歡就早回家，不喜歡就翹家

⑲上課像爬山，要有嚮導才不會迷路

⑳上課像航行在大海中的船隻，老師就像燈塔

組員：許良光、王韋翔、陳芳婷、孫碧蓮、洪紹捷

三、回憶

①回憶像吃飯，有好吃的菜，有不好吃的菜

②回憶像地震，想來就來

③回憶像麥牙糖，黏牙還會牽絲

④回憶像糖果，越含越甜

⑤回憶像交女朋友，過去的都比現在的有印象

⑥回憶像穿鞋，合不合只有自己知道

⑦回憶像拼圖，東一塊，西一塊

⑧回憶像看書，只記下喜歡的句子

⑨回憶像金字塔，越積越多
⑩回憶像童話世界，讓人無限遨遊
⑪回憶像老師的笑話，想忘也忘不了
⑫回憶像空氣，無所不在
⑬回憶像掉在家裡的一塊錢，打掃時才看得見
⑭回憶像紀錄片，自己是主角
⑮回憶像斷毒藥，尋死的人愛，快樂的人懼
⑯回憶像考卷，有人炫耀，有人隱藏
⑰回憶像抽屜，分門別類
⑱回憶像陳年日記，越老越喜歡回味
⑲回憶像床邊故事，可和兒孫分享
⑳回憶像避風港，可做為心靈的慰藉
組員：顧振聲、賴松川、陳雅惠、王滌鴻、丁珮玉

四、政治

①政治像摔角——一堆人在台上打來打去，但又不會受傷
②政治像野台戲——總是不按劇本，脫本演出

③政治像天氣——陰晴不定
④政治像逛夜市——各種人都有
⑤政治像外遇——只能做不能說
⑥政治像開車——有時塞車有時通
⑦政治像酒家女——可以轉台
⑧政治像穿女裝——隨時可換
⑨政治像腦筋急轉彎——不知下一步在幹嘛
⑩政治像打仗——知己知彼，百戰百勝
⑪政治像演員——全都是裝的
⑫政治像老太婆的裹腳布——又臭又長
⑬政治像騙子——永遠騙來騙去
⑭政治像保險套——有了不爽，沒有又危險
⑮政治像喝水——冷暖自知
⑯政治像作夢——好壞都有，醒來皆是一場空
⑰政治像寶特瓶——用完即丟，方便回收
⑱政治像吃到飽——各取所需
⑲政治像看電視——轉來轉去

⑳政治像婚姻——合則來，不合則離

組員：林志清、曾煥明、葉其峰、曾光雍、蔡佳芬

44 5W1H：我最愛的六個僕人

媽：「你再問我為什麼，媽媽就揍你！」
孩子：「為什麼？」
爸：「從現在起，如果你不再問我『為什麼』，我將會加倍愛你。」
孩子：「為什麼？」

這是幾米《布瓜的世界》繪本中的兩段親子對話。「為什麼」是人類了解自我、他人與世界的求知動機和技巧。兒童對一切都充滿好奇，透過「為什麼？」等等打破砂鍋問到底的問題，希望從成人的對話、教導、分享和機會創造等方式中，獲得需要的訊息和知識。

幾米以「為什麼」的法文——Pourquoi，念起來像中文的布瓜，做為書名。問為什麼必須冒險挨媽媽揍，不問為什麼也只能換取爸爸有條件的愛，但孩子還是會繼續問下去。

「為什麼」只是探索世界和認知求學的問題形式之一。一九〇七年獲得諾貝爾文學獎的英國作家吉卜林（Rudyard Kipling），在他出版的《大象的孩子》童書中寫下這樣的詩句：「我有六個忠實的僕人（他們教了我所有我知道的事），他們的名字是what、why、when、how、where和who。」

《大象的孩子》是作者透過旅居非洲、印度和孩子對話的記憶、靈感與想像，而創造出「大象的鼻子為什麼那麼長？」的故事。大象原來鼻子的長度只和靴子一樣，也不能抓取東西。有一隻好奇心無限的小象，總有一大堆的問題向父母和其他動物請教。牠每問一次就挨揍一次，卻還是無法阻止牠發問。最後，牠提出一個引起恐慌的問題：「鱷魚晚餐吃什麼？」所有害怕鱷魚的動物異口同聲的要牠閉嘴，牠只好親自去問鱷魚。

到了鱷魚居住的湖邊，從沒見過鱷魚的牠，被騙靠近鱷魚的嘴巴，不長的鼻子就這樣被咬住了，牠努力和鱷魚進行拔河比賽，鼻管就這樣越拔越長。牠發現長鼻子有許多用處，例如：可以拍打、抓取東西、趕走蚊子等等。回到家，所有大象知道緣由後，都跑去和鱷魚拔河，拉長鼻子，這就是為什麼大象有長鼻子的來龍去脈。

小象幫自己和族人將無用的短鼻轉化為有益生活的長鼻，不就是靠這六個忠實的僕人嗎？而作者不也是靠這六個僕人成就作品？

後人把這六個僕人稱為「5W1H」，這5W1H也廣泛的被應用到閱讀和觀察的理解、摘要、歸納、詮釋、學習、管理、溝通、創意和創新的活動中，中文通稱為「六何法」：何人、何事、何時、何地（處）、為何（何故）以及如何。

看電影、說故事、做計畫、創意發想和創新實踐時，我們都可以邀請5W1H這六個僕人來幫忙。台灣的教學和考試也用了不少5W1H的問題，但常要求學生提供標準答案。這樣的作法對學生的自主學習和創意思考不大有幫助。實際上，我們可以宅心仁厚，善待這六個僕人並發揮其助人潛能，

讓他們成為我們滿足好奇和學習成長的朋友。

在網路上查詢資料時，我們常常看到組織和團體等，採用 5W1H 自我介紹或呈現計畫。

45—SWOT分析：親子對戰「史瓦特」當裁判

李教授對一群父母演講，正當大家昏昏欲睡時，他說「接著我要介紹——如何應用『死瓦特分屍』來改善家庭關係。」全部的人一下子都醒過來。

其實他要介紹的是「史瓦特分析」而不是「死瓦特分屍」。李教授不會分辨捲舌與沒有捲舌的「死」，而且依據他的母語發音，通常會把分析中的「析」念成「屍」或「絲」。

「史瓦特分析」是英文SWOT Analysis的中譯。S代表Strength，也就是優點；W代表Weakness，也就是弱點；O代表Opportunity，也就是機會；T則代表Threats，也就是威脅。

產官學研各界普遍使用「史瓦特分析」來了解組織、政策、計畫等的內部優點和缺點，以及來自外部的機會和威脅。

家庭當然是組織，李教授鼓勵家庭成員分別或共同分析家庭內部的優缺點，和外在可促進良好關係的機會，以及可能的威脅或不利的因素；然後，再根據分析結果提出行動計畫，讓家庭關係更美好。

幾年前，我在咖啡館遇見一位企業家和他讀國中的兒子，兩人面對面不發一語，看起來父子倆正在冷戰。父親派駐美國的希望落空，但兒子轉學美國的計畫仍繼續進行。父母希望兒子住加州叔叔家，他們認為，叔叔嚴格的管教方式，是兒子學習乖巧和減少發問的機會。另一個選擇是住紐澤西的舅舅

家，但舅舅自由開放的管教方式可能是威脅兒子學習乖巧的因素。聽完了父子各自的觀點之後，我請他們分別運用史瓦特來分析，並歸納兒子本身的優缺點，以及住叔叔或舅舅家對他學習成長的機會與不利。

兒子的優點是好奇、好學、好讀，獨立自主也喜歡跟別人合作。兩人都認為兒子的缺點是英文不夠好，而父親在意的缺點「勇於表達」與「好問」，卻是兒子引以為傲的優勢。這也是為什麼他雖然功課好，卻不喜歡在台灣繼續讀高中的主要原因。

兒子覺得與舅舅和舅媽相處很自在，可以和他們分享與對話，舅舅雖然是工程師，卻對專業以外的知識涉獵很廣，這是他快樂多元學習的最好機會。住在叔叔家不利的因素是，叔叔和嬸嬸的「修養」好到總是不苟言笑，他擔心自己不自在、不快樂因而影響學習的效果。根據史瓦特分析的結果，父親終於支持兒子的選擇，住舅舅家。

成人常常低估兒童和青少年的實力和潛能，當我建議這位企業家使用史瓦特分析方法時，他質疑的說：「這不是企業的技巧嗎？才讀國中，怎麼會懂得這樣的方法呢？」其實，兒子的分析比父親還深入。成人在職場、求學或閱讀中學到的概念或技巧，都可以有效的應用到兒童和青少年身上，就像心理學家布魯納（Jerome Bruner）所說：「兒童能以適合其認知發展水準的表徵方式，有效率的學習任何學科。」

創造力所以會是性感的，就因為我們可以從改變、擴張或重新組合之創造力嘗試中得到解決問題的可能方案因而自娛娛人。

當我被邀請去帶政大ＩＭＢＡ（International Master of Business Administration）新生活動時，得知五十個學生中，大約有一半是台籍生，另一半來自十個國家，我就嘗試應用他們學過的ＳＷＯＴ進行互相認識同學和國家的活動。先請外國學生以教室空間做為世界地圖，各就各位，然後請台灣學生分別「認養」其他國家，各國人數儘量相當，接著請各國組合在海報上寫出各國的國內優缺點和來自外在的機會與威脅，並進行分享。結束之後，每位參與者幾乎可以達到認識同學和不同國家的效果。

46 — 腦力激盪

起源

腦力激盪術（Brainstorming）是奧斯本於一九三八年提出的思考或開會技巧，從此，奧氏不僅促進自己的廣告公司走上成功之途，也幫助許多管理者、設計人員、教育工作人員、行政人員及一般人突破困境，達到或超越預期目標。

美國科羅拉多州丹佛城，一位郵局局長和他的十一位職員應用腦力激盪術解決一個問題：「怎麼做才能減少工作時間？」他們想出約一二一個觀念實施九個星期之後，總共節省一二六六六小時的工作時間，以更少的時間完成同樣的工作，何樂不為?海因食品公司（Heing Goods）特別成立一個腦力激盪術的團體，這個團體在一小時內想出的觀念，在質和量方面，比另外一個特別委員會在十次會議中所想出的要多且佳。

這種集思廣益的方法在國內已不是知不知道的問題，而是用不用，用得恰不恰當的問題了，這些年來，腦力激盪術可以應用在個人的思考，也可以應用在團體的激發，但主要的用途是在開會或想觀念時收到「集思廣益」的效果，最基本的前提是延緩批評，延緩批評不是不批評，而是將解決問題分

為三個階段。

①**定義問題**。領導者在四十八小時前將問題敘述清楚、具體，告訴參與者讓參與者先有準備。

②**腦力激盪的階段**。這個階段不要少於三十分鐘，也別超過四十五分鐘，在這個階段（腦力激盪）不要批評，而由這個原則再引出四個相關的基本原則。

③**批評或評鑑觀念的階段**。

應用腦力激盪術時必須堅守的四個基本原則

一、摒絕批評（Criticism Is Ruled Out）

在進行過程中唯一的批評是來自領導者或催生員的「批評」，當成員批評時，領導者只給暗示如搖鈴或直接說「不要批評」「暫時不批評」或彈指示意。

二、自由運轉（Free-Wheeling Is Welcomed）

這個原則在鼓勵奇特稀有的觀念，進行過程中，領導者可點頭示意，讓大家儘量想出奇怪觀念，雖然多數這樣的觀念最後可能被排除，然而這個原則的運用有三個功能：第一、可以讓思考過程持續不中斷。第二、奇怪觀念容易激發創造氣氛，笑聲常因此不絕於耳，這就是玩興（playful），玩得高興而且玩真的。第三、運用自由運轉容易接觸到獨特的觀念，只要最後有一、二個可行且獨創的觀念便值回一切的付出或投資。

三、越多越好（Quantity Is Wanted）

這個原則的運用是事先提出一個目標，如果目標是想出一百個觀念，在進行過程中，儘量突破預期目標，量越多，越有可能找出質佳的觀念，這些質佳的觀念往往在進行了一半以後才會出現，好酒果真沉甕底。

四、改進與綜合（Combination And Improvement Are Sought）

別人的觀念或自己的觀念可以隨時改進，但這不是批評，因有時兩個或三個觀念可以合併起來變成一個更好的觀念。下面的實例充滿了這個原則的運用，例如：

信用卡的觀念可以轉變一下。假如你不想攜帶信用卡，當客人進店時，每個人可以取到一小袋的籌碼卡，他只要把一個籌碼卡投入他要的貨物中，而不必勞神取物，所要的貨物會收集在一起並記帳，當他要離開時，貨物已等著他了。——這是把按鈕系統和信用卡系統聯結在一起。

IDEO使用腦力激盪的修正

IDEO公司以創意的發想與實踐出名，他們所使用最重要的技巧是腦力激盪。

IDEO公司不在乎別人認為腦力激盪已經是個老掉牙的技巧，他們根據自己的需求，抱持「認真創新」的態度運用腦力激盪，不僅促使他們改變適合腦力激盪的空間，運用電腦的便利性。除此之外，逐漸改變了四個基本原則，充分使用改編創造的技巧，而創造出適合他們創意發想的腦力激盪的

七個原則：

①延緩批評（Defer judgement）
②自由滾思、鼓勵瘋狂的觀念（Encourage wild ideas）
③以別人的觀念為基礎改進與綜合（Build on the ideas of others）
④聚焦專注思考中的問題（Stay focused on topic）
⑤每次只有一個人說話（One conversation at a time）
⑥視覺化（Be visual）
⑦以量取勝、越多越好（Go for quantity）

- 每次的腦力激盪都必須直指問題核心。問題和期望達到的目標都必須界定清楚，所以事先必須用心準備。
- 在腦力激盪的過程中將點子編號，一小時約可產生一百個點子。
- 主持人可以大量使用大型白板、海報紙、電腦進行文字或視覺紀錄與組織。
- 事前除了充分準備議題以外，必須讓參與者拋開庶務、投入團隊思考。
- 運用可以刺激思考或聯想的資料或工具並在完成腦力激盪後，儘量具象化，親身體驗實際使用情形。

應用腦力激盪時的與會人數

運用腦力激盪術來集思廣益，從三人到十五人不等，四人最常用，十二人則常被推薦。這些成員的背景和經驗要有異質性、性別、年齡、經驗、專長不要完全一樣，以免「當局者迷」「如出一轍」「臭氣相投」「物以類聚」的現象產生。以十二人為原則，其中一個為助長人（Facilitator）或領導人（Leader），另一個為紀錄人員，其他十個成員中，如果五個屬同一單位，其它的五個最好來自不同單位或外面的人。整個紀錄最好錄下來以便事後評鑑時用。

第五章

水平思考技巧

水平思考（Lateral Thinking）出現的軌跡和擴散思考是一樣的。過去的思考強調垂直思考，也就是邏輯思考。系統生物學博士Uri Alon說他在寫博士論文時，常常遇到此路不通、不知道該怎麼辦的時刻。科學的教育讓他習慣使用「從A到B」的思考邏輯。愛因斯坦曾說：「邏輯會帶你從A點到B點，想像力將把你帶到任何地方。」在他做博士研究計畫時，他同時也在學習如何演出即興戲劇，這個經驗讓他在遇到瓶頸時，保持創造力，最後終於找到正確或比較好的路徑，就是愛因斯坦說的「想像力將把你帶到任何地方」。想像力或即興強調的就是水平思考。

提出水平思考理論、以及創造力技巧的是狄波諾（Edward de Bono），他是一位醫學博士，卻在培養創造力方面讓他成為二〇〇九年歐盟「歐洲創造力與創新年」二十七個大使中的一個，台灣最為熟悉的是他的六頂思考帽子。

我沒有選擇六頂帽子，反而選擇一般人比較少注意到，但跟生

活關係密切的，例如「反向思考」（倒吃甘蔗）。以新冠肺炎為例，歐洲各國政府處理的方式反應出不同的思考模式，英國首相強森的佛系防疫就是逆向思考。同時，法國總統馬克宏則採垂直思考，下令關閉所有學校、關閉所有非必要商家、全國人民限制行動。

許多好萊塢受歡迎的電影，都是「改編再創」的，人世間的生命故事都太豐富了，能夠懂得改編再創，就是創造力的展現。身處網路發達的現代，常收到各種訊息，有些是從真實故事再改編創造的，只是沒有使用真名，所以還以為是故事主角自己寫的。

不管是台灣，還是世界各國，「利用荒謬」成為喜劇體材處處可見，類似這樣的水平思考創意技巧都非常有趣。

除了上述水平思考技巧，本篇還介紹了「借腹生子」「目錄啟思」「扭曲誇張」「隨機字詞」，共八個水平思考技巧。

目錄啟思和利用荒謬雖然不是狄波諾的水平思考技巧，但我特別將它們列入其中。

47 反向思考（Reversal Thinking，倒吃甘蔗）

「任何觀點只要隱含方向或立場，都很容易找出相反的方向或立場。這就是為什麼許多人發現倒吃甘蔗（反向思考）法是所有水平思考中最容易運用的原因。」——廸擻弄

有一個人因消化不良去看醫生，醫生怎麼檢查都找不出毛病來，最後病人不好意思地說：「痛苦之處接近肛門。」醫生雖然覺得奇怪，還是檢視了病人的肛門，才看了一下就大叫：「天啊，裡面也有眼睛在看著我！」這時病人才坦白：「早上喝水時，不小心把隱形眼鏡吞下去了。」

創造這個故事的人就是利用反向思考或「倒吃甘蔗」的方法來思考的。

將舊有或現有的觀念，刻意地從反方向來思考，就像是倒吃甘蔗一樣，「先苦後甘」之後，享受「漸入佳境」「否極泰來」的樂趣，這就是「倒吃甘蔗」法。

「倒吃甘蔗」其實就是改變現狀的水平思考，方法包括：

- **反過來想，有人稱逆思法，也有人稱反向思考**
- **反面教育**
- **由內向外或由外向內看**

・由後向前看
・由小看大
・一百八十度轉變
・相反觀點等等

猶太人最擅長利用倒吃甘蔗法來創造幽默，所以你看卓別林的喜劇，經常充滿了由快突然轉慢，或往前跑突然往後退的鏡頭。電影「屋頂上的提琴手」最常用的幽默技巧也是倒吃甘蔗法，比如男主角每敘述完一個傳統的猶太觀點或人云亦云的觀點之後，都會說一句"On the other band"，然後再表達出社會變遷中的現代觀點，以顯示他在矛盾中適應社會變遷的處境。

許多學術的創造也得助於倒吃甘蔗的反向思考法。

瑞士的生物學家、心理學家兼哲學家皮亞傑（Jean Piaget），他二十三歲時取得生物學博士，但是他最大的願望是創造人類的知識論，所以他覺得有必要再吸收心理學知識以結合生物學和哲學，於是他到索邦大學（University of Sorbonne）去旁聽心理學課程，課餘無聊的時候，有人介紹他去第一個編製智力測驗成功的心理學家那邊為兒童做智力測驗。

為兒童做智力測驗時，他都只在記錄兒童做對多少題，沒多久就失去了興趣。但是他腦筋一轉：「為什麼不看看兒童錯在那裡呢？」於是他的興致來了，創意也來了。他發現不同年齡的兒童所犯的錯誤是不一樣的，而同年齡的兒童所犯的錯誤卻相當一致，比如絕大多數十一、二歲以前的兒童在需要抽象思考的題目上都會犯錯，因此十一、二歲很可能是人類發展抽象思考的關鍵期（這也很可能是

為什麼代數都在國中以後才教的原因之一）。不久，他的孩子相繼出生，他立即以自己的孩子為對象觀察研究並分析綜合，結果創造出影響教育和心理學甚鉅的認知發展理論。

表演藝術的創造也經常得助於倒吃甘蔗法。

後現代主義曾經在國內掀起了討論的風潮，討論者在以劇場為例時，大多會提到威爾森（Robert Wilson）以及他的作品《沙灘上的愛因斯坦》（*Einstein on the Beach*）。

威爾森原本是畫家，後來自願到醫院以藝術治療的方式幫助學習困難（包括智能不足、情緒困擾）的少年。通常我們都會以一般人甚至聰明人的行為標準來教導這些有學習困難的人，但是威爾森在挫折之餘反向思考：「為什麼不從這些少年的觀點來看問題？」把角度倒過來之後，他開始運用比較長的時間傾聽這些少年，了解他們的語言、他們的思考、他們的世界，最後終於能夠互相溝通而且贏得他們的尊重。

威爾森的劇場觀念的靈感就是從這裡來的。他的戲劇的特點之一是進行緩慢、舞台上充滿了視覺印象，一齣戲的演出可以長達八小時甚至十小時，他甚至還邀請學習困難的少年上台演出。他的這種戲劇簡直與所謂的正統戲劇觀背道而馳。

倒吃甘蔗法或反向法也可以用到日常生活來。

一九七二年，我從美國返國的途中，在東京遇到一位廣告界的人，那時日本正為水平思考而瘋狂，當我提到倒吃甘蔗法的時候，他舉了一個他與太太的例子，我覺得非常好，在這裡寫出來和你分享。

這位廣告人以前是一個典型的日本丈夫，他從來沒有真正了解太太對他的重要性，他把太太為他

做的一切不但視為當然，甚至有時還不太滿意。有一天，他喝醉晚歸，並且藉酒裝瘋對太太又打又罵，但是他太太仍然以不變應萬變（水平思考），跟平常一樣為他脫鞋、倒茶、鋪床等等。沒想到，第二天他起床後，發現太太離家出走了，他要吃早餐沒早餐，要找領帶不知領帶在那裡，上班已經遲到了，孩子卻還在吵鬧不休。終於他看到太太留下的字條，字條上沒有抱怨、沒有責怪，只有口口聲聲抱歉自己的失職以及無法滿足要求，所以才惹得丈夫生氣，最後並千叮萬囑先生要好好照顧小孩。

為了逃避困境，他乾脆不去上班，而到街上遊盪。走著走著，他想到過去根深蒂固的觀念「擁有太太是天經地義的事」，在這個「擁有」的觀念下，太太為他所做的一切都是理所當然的，而且他依賴太太的程度已經深到不自覺，因此他反過來想：「如果沒有太太，我的生活會變成怎樣？」他用腦力激盪的方法想出了一項非常具體的結果，其中有兩項是「正面」的，一項是再娶一個年輕美麗的太太，另一項是做個快樂風流的單身漢。等他再就這兩項結果深思之後，他終於肯定了他非要這個太太不可，從此他開始去欣賞、感激太太的優點。

在我們這個新舊交替、急速變遷的社會裡，很多人已經開始運用反向思考發揮整個社會的創造力，例如：

過去，我們想當然耳的認為一個團體甚至國家的領導者應該由「上面」指派，但是現在有很多人反過來想：「為什麼不讓領導者從群眾中脫穎而出呢？」

過去，工商界只認為職位越低的越需要在職訓練，而訓練的課程內容常常是在強調雙向溝通或關懷員工等等。這樣的在職訓練如果成功，會有幾個可能的後果：①優秀員工離職另謀他就；②對「上

面」不滿；③抗議、要求；④革命推翻。但是最近一些聰智創意的領導者開始反過來想：要貫徹雙向溝通和關懷員工，在職訓練必須從上層開始。

狄波諾說：「任何觀點只要隱含了方向或立場，都很容易找出相反的方向或立場。這就是為什麼許多人發現倒吃甘蔗是所有水平思考中最容易運用的原因。」

就因為倒吃甘蔗法容易使用也經常使用，所以要注意下列幾點：

- 一旦改變了現有的立場或方向，不要擔心所改變的是否真的和原來的完全相反，如果你擔心，就表示你仍然在使用垂直思考。
- 一旦改變了立場或方向之後，你需要輕鬆地等待一段時間，以便讓新觀念有時間孕育，不要因為新觀念無法立即產生，就又馬上改變立場或方向。
- 完全相反的立場或方向也只是相對的而已——有非常保守的，就有非常自由的，有非常硬的，就有非常軟的，所以不要認為相反的立場或方向是不可能有的，你用倒吃甘蔗法幫助你思考時，別因為個人已有的立場或方向，而拒絕考慮和你完全不同的立場或方向。
- 當你因採取不同的立場或方向而產生新觀念時，你千萬不要馬上判斷新觀念的好壞以及可行性等等。讓新觀念源源不斷產生，延遲你的批判。
- 倒吃甘蔗法只是創意的起跑點，它本身不是答案，因此你最後發現的觀點、解決方案或產品設計，可能會與原起跑點毫無關係，你的目的只是希望利用此法發揮創意，有好觀念就值得你高興的了。

48 — 改編再創（Adaptation）

只要將原來的觀念、作品、工具、文章等等稍微或大幅修改，而且經過了創造的歷程，其結果能「青出於藍而勝於藍」者，都可以稱之為成功的改編再創。

老同學念大學的兒子戀愛了，但是他們夫婦倆都認為兒子「太早」戀愛會阻礙前途發展，再說他們也不喜歡兒子的女朋友，於是身為父母的他們不僅「有話要說」，而且大聲責怪地說，既對兒子說，也對女方家長說。女方家長當然不甘示弱反擊，除了反對女兒與男方兒子交往，更指責男方家長的不是。

這下可好了，戀愛中的男女因有「共同敵人」，因要「團結制敵」「共渡危機」而更「同病相憐」「肝膽相照」，最後是「愛情彌堅」「山盟海誓」。因此在雙方家長施壓越來越大之下，兩人準備「殉情」。

這個故事你很熟吧！「梁山伯與祝英台」？相似，但不完全是。「羅密歐與茱麗葉」？對，幾乎全對！

心理學家稱這種「因父母反對而使男女雙方感情更緊密」的現象為「羅密歐與茱麗葉效應」(Romeo and Juliet Effect)。

社會心理學家德瑞斯寇（R. Driscoll）和他的同事從莎士比亞的舞台劇本《羅密歐與茱麗葉》獲致靈感，提出了「父母反對會增強戀愛中男女的感情」假設，再以九十一對夫婦（平均結婚四年）和四十九對戀愛中的男女（平均交往八個月）為對象進行調查研究，結果支持了假設。

愛情可以粗略地分為浪漫的和恩愛的兩類。

德瑞斯寇的研究發現，就浪漫的愛情來說，如果父母反對得越厲害，男女之間的愛情就越緊密，但是，如果父母最初反對而後來不再堅持，甚至默認，那麼這些曾經山盟海誓的青年男女，他們的愛情反而沒有以前緊密了。

像德瑞斯寇這樣，先是從別人的作品中得到靈感，然後發揮創造力的動機、歷程和結果的方法，就可以稱為「改編再創」。

「改編再創」在藝術的領域中是非常普遍的，再以莎翁的劇本《羅密歐與茱麗葉》為例，這個劇本被改編再創成芭蕾舞、電影或電視都不足為奇，最令我嘖嘖稱奇的是歌舞劇《西城故事》（*West Side Story*）。

歌舞劇的《西城故事》脫胎自《羅密歐與茱麗葉》，然而人物和時空都改變了，羅密歐轉世成東尼（Tony），茱麗葉轉世成瑪麗亞（Maria），兩個英國世仇家族則轉世成紐約兩個對立的青年少年幫派。因為是「脫胎轉世」的歌舞劇，所以劇本、音樂、歌詞和舞蹈等等，都可以說是原創的，並且成績不弱，至於電影的「西城故事」，雖未達到脫胎轉世的境界，但也有了信、雅、達的水準。

好的翻譯必須信、雅、達，能達到這個水準也可算是成功的改編再創，所以好的翻譯，不論是中

文翻成外文、外文翻成中文、白話文翻成文言文或文言文翻成白話文，都是經歷了「改編再創」的歷程。

「改編再創」的例子多如過江之鯽，連「羅密歐與茱麗葉」都是改編再創的作品。一五九四年，莎士比亞根據布魯克（A. Brooke）的一首敘事詩〈The Tragical History of Romeo and Juliet〉改編再創成舞台劇本《羅密歐與茱麗葉》，而誰又知道這首敘事詩是不是布魯克聽來的或目睹的事件呢？

事實上，因父母反對而感情越堅的故事俯拾即是，恐怕在人類有了第二代適婚青年以來就有了，所以說「太陽底下無新鮮事」「天下文章一大抄」。

對，就是「天下文章一大抄」！「改編再創」地抄，我們才能窮則變、變則通，我們才有機會精益求精。

王勃的「落霞與孤鶩齊飛，秋水共長天一色」脫胎自庾信〈三月三日華林園馬射賦〉的「落花與芝蓋同飛，楊柳共春旗一色」，王維的「漠漠水田飛白鷺，陰陰夏木囀黃鸝」只比李嘉祐的「水田飛白鷺，夏木囀黃鸝」多了兩個形容詞，而林逋將五代詩人江為的「竹影橫斜水清淺，桂香浮動月黃昏」中的「竹」字改為「疏」字、「桂」字改為「暗」字，就成了詠梅的絕唱。

上述這些例子，原本是郭有遹博士引用宋岑先生的「佳句多從抄襲來」的例子以說明「屬性列舉法」，而我便從郭著中借用同樣的例子來說明「改編再創」。例子原封不動，但因應不同情況而改變意義或用途，也是一種「改編再創」，其目的在解決問題。

電視、電影、音樂、舞蹈、舞台劇等藝術的獎勵中都設有與原創獎並列的改編獎，公開承認「改編再創」的作品是非常可喜的，這反應出設置獎勵辦法的人對創造力的了解，因而增加了大眾提昇創造力的機會，也豐富了人類的創造紀錄。

那麼，要如何利用「改編再創」的方法來促進創造力呢？

・列舉改編再創的作品

將你所知道的改編再創的作品，比如：產品、工具、觀念、理論、詩詞、句子、成語、節目、遊戲、運動，服裝、裝飾品、笑話、對聯、家具等，一一列舉，並且設法把原物或原著找出來並列。

我可以先示範一下，比如電影《窈窕淑女》(*My Fair Lady*)是脫胎自蕭伯納的舞台劇本《比馬龍》(*Pygmalion*)；美國的美式足球(Football)脫胎自英國的橄欖球(Rugby)遊戲；而蘭陵劇坊的「荷珠新配」脫胎自京劇劇本《荷珠配》，雲門舞集的《白蛇傳》脫胎自民間故事。

・評估改編再創的成敗

將你所列舉的作品分成四類：

第一類——改編再創失敗。

第二類——改編再創之後，適應情境需求。

第三類——改編再創成功，頗能「青出於藍而勝於藍」。

第四類——改編再創成功，已達「脫胎轉世」、「脫胎換骨」或「超越前世」的境界。

這樣的分類一定要以你對創造力的定義及因素的了解為基礎來分類，目的是在比較改編再創的成敗，以便學習成功的例子，避免失敗的例子。

相信你自己的判斷力，同行的專家也會有非常不同的看法。比如我認為舞台劇「西城故事」是屬於「脫胎轉世」級的改編再創，但是一位專攻莎士比亞戲劇、討厭音樂歌舞劇的美國朋友則大不以為然，不過他承認「西城故事」確是佳作，尤其是音樂與舞蹈。

・發掘改編再創的新例

從現在開始，儘量把握機會去參觀發明展、新產品發表會，從說明書及有關資料中注意一下創造發明的來源，看看其中有那些是改編再創的。

同樣的，在你看完電視、電影之後，也可以注意一下該集或該片是否為改編再創，而只要是你喜歡的、能令你感動的，你便可以找出原作，從分析比較中尋找增進創造力的實力。

・嘗試改編再創的經驗

只要你閱聽的一篇文章、一本書、一則新聞報導、一則故事、一項研究……，能讓你聯想到類似的角色、情節、研究、發明、理論的，你便可以嘗試改編再創。

如果你的工作是教書，你可以將課文改編成劇本讓學生演出，這種「創意戲劇」（creative

dramatics）教學法，很能夠引起學生的興趣和參與，並且增進你自己和學生的創造力。

「陪讀」已經是許多現代父母的日常工作之一，父母不妨和孩子一起將課文改編再創，以增加雙方的創造力。

如果你對任何的產品、裝飾品有興趣，你也可以嘗試改編再創。

我的一位美國朋友的太太窮極無聊，天天抱怨丈夫。有一天我在她家作客時，意外發現她偏愛耳環，我便鼓勵她利用各種可以輕易改裝再造的材料製作耳環，很快地，她就上癮了。不久，她的這種創造樂趣感染了先生，我這位木訥、不知如何和太太溝通的朋友，從此自動自發提供任何可供太太改編再創為耳環的觀念或材料，因而增進了他們夫妻間的溝通質量。現在，她儼然是一位耳環藝術家，而他則是藝術家背後的支柱，在週末，他們夫妻倆經常參加藝術家的趕集、旅行兼賺錢，非常有意思。

49 — 利用荒謬（Use of Ridiculous）

「每個新構想，起初看來都有一點瘋狂。」——馬思樂

「這個想法太荒謬了！」

「只有你這種人才會想出這麼荒謬的觀念！」

「荒謬，荒謬，真荒謬！」

我們對於不按牌理出牌，甚至與眾不同的想法，很容易視為荒謬，可是，許多我們今天視為當然的觀念，在醞釀或草創時期都曾被視為荒謬！

使用望遠鏡和溫度計在今天來說，極為普遍，可是你知道嗎？當年伽利略想發明望遠鏡和溫度計時，別人認為他的想法荒誕不經，尤其在他提出我們今天人盡皆知的宇宙觀時，人們更是恐懼，以為他發瘋了。當這些人把對伽俐略的恐懼化為迫害行動時，伽利略不得不在監獄中受罪，他晚年還成了瞎子，但，伽利略並不孤單，許多對後世文明或文化有偉大貢獻的人物，都有過類似的歷程。

你是不是俊男美女？如果你不是俊男美女，而又喜歡演戲、當主角，這在十幾年前幾乎是不可能的，可是近幾年，演藝界多的是醜男當道、胖女出色。一般人總認為俊男美女當主角才有看頭，這種

刻板印象常常使得戲劇不能真實地反映人生。

利用荒謬，就是破除刻板印象的一種方法，於是，在紐約有了「荒謬劇場」（Theater of Ridiculous）的成立。沒有荒謬劇場的觀念，你想憑伍迪．艾倫那副非俊男的長相，能有機會當被人愛慕的男主角嗎？

那麼，在發揮創造力的時候，如何利用荒謬呢？簡單的作法是這樣的，當你在想觀念或是在判斷別人的觀念時，先把你認為荒謬的觀念選出來，然後再做聯想。把利用荒謬視為增進創造力方法之一的反翻奇（Von Fange），提供了一些例子，可供我們參考：

一位小姐在思考如何把兩條金屬絲聯結起來，方法當然很多，但是這位小姐使用了大家認為最荒謬的方法——用牙齒咬住。這個荒謬的舉動和景像使大家爆笑不已，但，就在這個時候，大家突然頓悟：人類在未發明工具以前，例如：老虎鉗、鯉魚鉗，就是源自這樣的觀念。

你有沒有用過口香糖黏東西？我有，許多兒童也都有。反翻奇和他的思考伙伴，就是使用了這個被大家也視為荒謬的「口香糖法」，把兩條金屬絲聯結起來。可是在場的一位化學家馬上想到它的可行性，口香糖以橡膠為主要原料，如果在橡膠裡添加某種化學原料，一定可以變成非常穩固的黏著劑。

利用荒謬，尤其可以增進創造力中的「獨創力」。大部分具有有獨創力的喜劇都由荒謬開始，伍迪．艾倫的《開羅紫玫瑰》就實現了許多人希望電影男主角走出銀幕的荒謬想法。

我有許多荒謬的想法，但大多用來自得其樂。怎麼，你說我荒謬？我認為你才荒謬呢！

50 異質交流（Cross-fertilization，借腹生子）

「簡單例行的工作，最佳的成員組合是背景相似、特質相差無幾的人；但是複雜、需創意的工作，最佳的成員組合則是背景不同、專長各異的人。」——史坦

你知道下列三句歇後語嗎？

有錢人的便當——好菜！

斷了柄的斧頭——沒有把握！

唐三藏的徒弟——全是畜牲！

當然，我原來是不知道的，這些全是我「借腹生子」得來的。

我一直認為歇後語是不受時空影響的創意表現，雖然不受時空影響，但歇後語的內容和比喻卻可以反應社會背景和時代變遷。城裡的人大概不會去創造「斷了柄的斧頭——沒有把握」，而也只有台灣的年輕人才會創造出「有錢人的便當——好菜」，因為「好菜」是台灣人用來形容「差勁」之意，我相信即使是今天的大陸年輕人也難體會「好菜」的妙處。

至於「唐三藏的徒弟——全是畜牲」就比較不容易看出背景，但只要看過《西遊記》的人都有可

能創造出這句歇後語——華人也許有很多地方不平等，但是看《西遊記》這件事倒是蠻平等的。既然「全是畜牲」，可見被罵的不會是一個人，而是團體，而且大部分的成員是男性，不過，這句歇後語已經不是在罵人了，而是幽默。

這三句歇後語都是我有意收集來的。「有錢人的便當——好菜」，是多年前我在復興工商專科學校（現升為蘭陽技術學院）演講時，一位學生告訴我的；「斷了柄的斧頭——沒有把握」，是多年前我在澎湖文化中心演講，從一位小學生那裡得來的；「唐三藏的徒弟——全是畜牲」則是我在中正理工學院演講時，一位學生提供的。

那麼，什麼叫「借腹生子」或異質交流？根據狄波諾（Edward de Bono）的說法，「借腹生子」指的是下列三件事：

- **傾聽不同領域或不同行業的人談論他們的專長。**
- **邀請一些與你所學或所長不同的人來談論你的問題。**
- **解決一個非你本行的問題。**

「借腹生子」主要是借助別人的專長或經驗，所以當你受垂直思考影響以至當局者迷時，你不妨主動去邀請別人，談他們的問題或你的問題，甚至於你去解決非你本行的問題。當然，幫助你的人也可能意外增進了他們自己的創造力，但這不是你的目的，也不是他們的目的。為了增進你的創造力，你所邀請的人的專長一定要跟你的不一樣，這就好比近親結婚不好、混血兒比較漂亮的道理一樣，所以這個方法又稱「異質交流」「異種混血」或「異族通婚」。

史坦（M.I. Stein）在評論「團體成員的異質或同質如何影響問題解決」的文獻之後，下結論說：「團體成員的組合如果是異質的話，比較有可能充分討論問題，而獲得比較令人滿意的答案。任何團體、計畫都有其最佳組合，簡單例行的工作，最佳成員組合是背景相似、特質相差無幾的人；但是複雜、需創意的工作，最好是由背景不同、專長各異的人來促進異質交流。」

我個人認為「異質交流」比較不容易為華人所接受，一方面因為華人根深蒂固認為「隔行如隔山」，所以最好是「各掃門前雪」「井水不犯河水」，另一方面則是對「外行領導內行」嗤之以鼻。

我個人以為，就是因為「隔行如隔山」，所以才能提供不同意見、不同景色；而「外行領導內行」本身並沒有錯，當都是內行的同質團體無法突破瓶頸時，是可以邀請具有領導能力、聰明又善用「異質交流」的外行人來主持，這樣的領導人不是什麼都懂，但是他能有效地「借腹生子」，因為他能夠：

- **傾聽不同部門的內行人談論他們自己的本行或工作。**
- **提出創意的問題，邀請不同領域或不同部門的人來談論他提出的問題。**
- **邀請每一個部門提出該部門最重要或急需解決的關鍵問題，和他們一起解決。**

這樣，外行領導內行才能突破組織發展瓶頸，產生「洞房花燭夜——一針見血」的效果。

我們當然了解為什麼華人對「外行領導內行」嗤之以鼻，因為我也深受其害過，不過，我要和你共同勉勵的是：「歌仍然是好的，只是歌者荒腔走板，而提拔歌者的人也不懂音樂或私心大而已。」

應用「借腹生子」要注意的是：

- **「異質交流」可以正式，也可以非正式。正式的，就是聚集一群人，按照研討會、工作坊或意見**

箱等方式進行；非正式的，則是透過袒裎相見、飲茶閒談等方式進行。千萬不要拘泥於形式，記住，你的目的是在增進創造力。

- **在「借腹生子」時，最擔心以下幾種人：①短話長說的人；②喜歡話說從前的人；③無法進入主題的人，所以要慎選邀請對象。**
- **不是每個人都適合向他人「借腹生子」，如果你好強、好自衛、動不動就要與人拚輸贏，那你就不適合；如果你容易對人不對事，那你也不適合；當然，如果你只管講、不管聽，那你也不適合。**
- **最適合「借腹生子」的，是那些真心要發揮創造力、能掌握問題、善於傾聽而又喜歡三五好友聚在一塊兒的人。**

總而言之，「借腹生子」是以「豬八戒賣肉——就地取材」來替代「躲在被窩裡放屁——獨吞」，以發揮「異質交流」的創造技巧。

全球化的今天，特別強調在地化，也就是鼓勵大家在全球化後，越來越「習相近」時，我們如何發揮地區特色、個別經驗，而產生「異質交流」的創造力。

51 — 目錄啟思（Catalog Technique）

你有沒有以下的經驗：

寫好一篇文章，卻想不出一個適當的題目，來畫龍點睛地涵蓋所有重點。

報戶口的期限到了，你們夫婦倆絞盡腦汁左想右想，就是無法決定出一個最適當又與眾不同的名字，以表達對自己愛情結晶的期望。

在解決問題或創造思考時，你的腦筋突然短路、一片空白，不知如何繼續。

如果你有以上這些經驗，你是怎麼渡過難關的？你曾經去翻查過目錄嗎？如果有，你就是在應用「目錄啟思」啟發靈感，增進創造力。

目錄包括書籍目錄、產品目錄、論文索引、工具書等。「目錄啟思」至少有下列三種意義及功能：

第一種是啟發靈感。方法有二：一是有特定目的的，比如去查閱與問題有關的目錄索引，再從索引中去尋找相關問題或線索等；二是漫無目的的，比如你在趕論文，可是踏破鐵鞋卻找不出定論，於是你走進一家餐廳，拿起菜單瀏覽一遍，當你看到「母子會」（母雞與雞蛋）這道菜名時，頓時「因就是果，果就是因」這個觀念，在腦海裡眾多糾纏盤結的觀念中清晰浮現，於是託「母子會」這道菜名的福，你找到了靈感。

第二種是蒐集資料。有時候我們創造力的通路受到阻礙，主要是因為訊息不足、資料短缺，這時打通通路的最佳方法，就是去查閱相關的目錄索引，然後根據蒐集到的資料閱讀、分析、綜合、甚至評鑑。如果你已經有了主題、架構，這時再加上後來蒐集到的資料，那真的是可以下筆如流、水到渠成了，所謂「觀念和資料相看兩不厭」就是這個道理。

第三種是精益求精。有些人可以想出以前自己從來沒想過的獨創觀念，但卻不知道別人已經發明或創造過了；有些人雖然具有高度的獨創力和變通力，但卻很難將觀念付諸行動。如果是這種情形，你可以先去查閱目錄索引，把相關的研究找出來，仔細查證，一定可以避免走冤枉路或者精益求精。

我們今天談創造力，應該感謝一九五〇年美國心理學會的理事長吉爾福德在年會演講中的呼籲，心理學家才了解到他們對創造力研究的忽略，進而開始以行動來重視創造力。

當吉爾福德在研究創造力的時候，為了啟發靈感、蒐集資料以及精益求精，他就去查閱「心理學摘要」索引，意外地，他發現索引中居然沒有 creativity 這個字，這更加強了他研究創造力的動機。

西方人在創造時比我們幸運的是，他們的目錄實在齊全。為了促進國人的創造力，我們的教育部、國科會等政府機構，必須從編纂目錄的根本做起！

52 — 水平思考（Lateral Thinking）

「水平思考關心的是改變——脫離舊觀念進而創造新觀念。」——狄波諾

一位家貧如洗，但是人見人愛的少女明明，和父親相依為命。她父親欠一個放高利貸的鄰居一筆債，債期到了卻無法償還，於是那個既老又醜的吝嗇債主提出辦法：「我在缸裡放兩顆石子，一白一黑，讓你的女兒拿，如果她拿到黑石子，債務就一筆勾銷，不過她要嫁給我；如果她拿到白石子，那麼她既不必嫁給我，你也不必償還債務。」

父親聽了十分擔心，萬一女兒拿到黑石子那可怎麼辦！可是明明卻胸有成竹的安慰他：「爸爸，不用擔心，小女子我自有辦法，你儘管跟他約時間，並且請所有的鄰居一起到河邊去，我將當眾取石，決定我的『命運』。」

約定的時間到了，河邊聚滿了好奇的鄰居，明明慢慢地將手伸進吝嗇債主準備好的缸子裡，可是一不小心她摔倒在滿是石子的河床上，手上的石子已不知去向。在大家的驚叫聲中，明明緩緩地站起來，說：

「各位好鄰居，你們做證人，我笨手笨腳地跌了一跤，很抱歉。反正缸裡只有一白一黑兩顆石子，

你們看看缸裡的石子是什麼顏色，如果是黑色的，就表示我拿的是白的，如果是白的，就表示我拿的是黑的。」

鄰居們一看，果然缸裡剩下的是黑石子，因此明明不必嫁給債主，父親也不用還債。機智的明明用什麼樣的思考方法解困呢？她的父親又是用什麼思考方法而讓自己擔憂？明明用的是「水平思考」，她父親用的是「垂直思考」。

什麼是水平思考？什麼是垂直思考？

因提出「水平思考」而廣受歡迎的英國學者狄波諾（Edward de Bono）認為，垂直思考是傳統的邏輯思考，也就是一種亦步亦趨、按步就班、直接推論的思考，它像造塔，將石頭一個個往上堆疊，目的是堆得穩、堆得高，它也像挖洞，不斷地在原洞往下挖，目的是挖深尋寶。由於垂直思考是一種連續性的思考方法，所以運用垂直思考的人在造塔時，不會去考慮地基是否穩固，一旦塔倒石翻，他只是更努力地按原方式重建，同樣地，如果他在挖洞，原來的推論是會發現寶藏，一旦寶藏久久未現，他也只是更努力地挖下去。

相反地，運用水平思考的人則會打斷思考的連續性，跳出來問：「有哪些因素會造成塔倒石翻？地質是否適合造塔？」「現在挖的這個洞是否真有寶藏？寶藏會不會在別的地方？」

明明之所以能夠脫困、就是靠水平思考。她相信要錢也要人的債主一定心懷不軌，因此她打破債主設下的前提——缸裡的石子是一白一黑，進而假設——缸裡的石子都是黑的；而她那位垂直思考的父親，由於不質疑缸裡的石子是否一白一黑，所以才會擔心。

水平思考和垂直思考還有許多不同之處：

- **垂直思考是在找答案，水平思考則是在找問題。**
- **垂直思考是在對與錯之間作抉擇，水平思考則永遠在找更多、更好的觀念。**
- **垂直思考運用得最好的時候，是在穩定中成長，但卻有可能在找到答案之後便停止思考；水平思考則繼續多方探索、尋找各種可能性。**
- **垂直思考是勇往直前的思考，只考慮主觀認為的有關資訊，拒絕其他任何主觀認為的無關資訊，因此容易走進「想當然耳」的胡同裡；水平思考則歡迎任何可能的機會，因為暫時無關的資訊，也可能有其相關的時候。**
- **垂直思考是走最保險的路，不是用來尋求新觀念，不避免明顯的答案；水平思考則在孕育新觀念，所以避免明顯的答案，除非明顯的答案可以舊瓶新裝。**
- **垂直思考是封閉的系統，水平思考則是開放的系統。**

人的思考方式容易定型，尤其在運用同樣方法獲得多次的成功經驗之後，更容易定型，這就阻礙了創造力。我們絕大多部分的教育方式都在讓我們接受前人成功的定型方式，因此課程教的多半是如何在已有的前提下推論、如何運用邏輯思考獲得正確答案並避免犯錯，基本上，這就是垂直思考教育方式。而水平思考就是要訓練我們有效地改變，一方面擺舊觀念，一方面孕育新觀念——這就是創造力。

那麼，我們如何運用水平思考來促進創造力呢？

首先，我們可以在已有的眾多觀念和複雜現象中，找出主要的、關鍵的或支配的觀念、架構，然後確認前提和限制，澄清癥結所在，以及避免二分法的傾向。

比如在工商界，勞資雙方日以繼夜地談判，結果還是無法取得共識，反而嫌隙越來越深，這當中的原因很可能是垂直思考的結果，因為雙方派出談判的人都是「正式」的領導人。如果運用水平思考來解決這個問題，首先，一定會找出雙方背後的「高手」或實際做決策的人，尤其在勞方，這種人可能是「非正式」的領導人，而不是工會的「主管」，我們所謂「擒賊先擒王」「射人先射馬」便是這個道理。

運用垂直思考解決問題的人，很容易掉入二分法的陷阱，但實際上，黑與白之間卻有很多的可能性，比如有位太太覺得丈夫最近經常晚歸而且沒有以前那樣纏綿，因此她會責問丈夫：「你是不是另外有女人，所以不再愛我了？」這是二分法的垂直思考。如果這位太太用的是水平思考，那麼她就會去尋求很多的可能性，包括先生有外遇、工作不順、步入中年的心有餘而力不足、自己或環境的變化以及婚後多年的必然現象等等。

大多數具有權威性格的人，容易接受權威的指示或對人、事建立刻板印象。以前我們說：「凡縣市長必須官派，不能民選」「凡是乖學生，必須穿制服、留短髮」「凡是優秀工人只要努力工作，老闆決不會虧待」「消費者只有買或不買的權利」「女人不能留短髮」「結婚之後，無論如何不合也不能離婚」「兒孫滿堂就是福」，現在已經有人開始向這些前提提出挑戰，這是運用水平思的第一步。

一個五歲鄉下小男孩到大都市來，尿急了就站在街角小便，警察叔叔看到了說：「以後不可以站

在這裡小便！」小男孩回答得妙：「那我蹲著小便可不可以？」這是典型的水平思考的例子，成人要訓練自小運用水平思考，最好的對象就是兒童，尤其是五歲左右的兒童。

畢卡索無法突破觀念時，他有時也會和小孩一起玩耍，甚至去看兒童作畫，他這種脫離舊觀念、尋求新觀念的作法本身，就是水平思考的運用，而他也從水平思考中獲得豐富的創作靈感。

53　扭曲誇張（Distortion and Exaggeration）

「一旦選擇一項主要的特徵或觀念加以扭曲或誇張，不要期望立竿見影，創新的觀念是需要足夠的時間來發展的。」——狄波諾

你常看卡通嗎？你常看漫畫嗎？

你喜歡龐克頭嗎？你喜歡瑪丹娜（Madonna Ciccone）的粧嗎？你喜歡麥可傑克森（Michael Jackson）的服裝嗎？

你喜歡「象人」嗎？你喜歡「ＥＴ」嗎？你喜歡「鐘樓怪人」嗎？

你對電視上演員男扮女裝、醜人當道有什麼看法？

……

無論你常不常看、喜不喜歡，或者有什麼特別看法，我都會尊重你。我之所以舉出以上這些例子，是要用來說明一種創造技法——扭曲誇張。

什麼是「扭曲誇張」？

「扭曲誇張」也是水平思考的一種，和「倒吃甘蔗」異曲同工，都是以既有的立場觀點為基礎，

然後加以改變，改變的方向和原來的非常不一樣，目的在激發新觀念。

不過，「扭曲誇張」和「倒吃甘蔗」或反向思考還是不同的。運用「倒吃甘蔗」所採取的新觀點和原觀點完全相反，而運用「扭曲誇張」所採取的新觀點未必和原觀點相反，只是將原觀點的全部或部分加以扭曲誇張——有時甚至過分誇張，然後再激發新觀點。

有人說李表哥的造型，其臉部是以李登輝先生的臉部為基準再加以改變的，其中最主要的誇張部分是下巴。李登輝先生的下巴原就比一般華人的長而飽滿，不少人說勞瑞當初真有眼光，因為華人相信晚年是走下巴運的。

美國的總統經常是漫畫的主角，福特（Gerald Ford）的主要形體特徵是大門牙，這些扭曲誇張無傷大雅，因為身為總統已代表了高高在上的身分地位，是個人成功的表徵，因此些許的缺憾反而增加他們的親和力。可是當漫畫找出尼克森（Richard Nixon）的鼻子、眼神以及他說話時向前伸出的右手食指為主要特徵而加以扭曲誇張之後，尼克森的形象就跌得很慘，因為這個漫畫造型讓人聯想到狡滑、不誠實的老狐狸。

美國的總統不僅是漫畫中應用扭曲誇張的對象，同時也經常是政治笑話中的題材。

話說華盛頓（George Washington）、尼克森、卡特（James Carter）三人聚在一起——

華盛頓：「我永遠說實話。」

尼克森：「我從來不說實話。」

卡特：「我不知道差別在哪裡。」

這則笑話所應用的技巧就是「扭曲誇張」。在一般人的觀念中，華盛頓是誠實的，但無論如何也不可能誠實到從來不說謊，同理，尼克森已被認為是一個說謊的人，但也不可能從來都不說實話，至於卡特，一般人對他的看法是坦白卻不知如何做決定，但是他也不可能笨到分不清謊言與實話，所以這個笑話真是誇張。

舞台上的人物也經常用「扭曲誇張」的技巧來讓觀眾印象深刻，比如瑪丹娜、麥可傑克森和女神卡卡（Lady Gaga）就是成功的例子（他們走紅龐克文化時期，龐克文化的特色之一就是誇張裝扮）。

有一段時間，國內電視電影、餐廳秀的喜劇經常以扭曲誇的技巧來激發觀念、創造笑料，例如讓男瘦女胖或男胖女瘦同時對照出現，原來的胖瘦就比較誇張；又如男扮女裝，這是「倒吃甘蔗」和「扭曲誇張」同時運用的產物。但並非所有的男扮女裝都在製造喜劇效果，國劇界的四大名旦都是男扮女裝，他們純粹以演技取勝，因為他們深知自己是青衣而不是丑旦。

幾乎所有成功的外國電視喜劇都用了「扭曲誇張」的技法，例如《露西劇場》《三人行》《天才老爹》《妙房東》都是。妙房東對太太的「無性趣」和太太對他的「有性趣」都是扭曲誇張，否則在實際生活中，我想他們早已勞燕分飛了。你不覺得天才老爹誇張了些？只是他誇張得討人喜歡，因為他是個成功的產科醫生，也是個顧家的賢夫良父和孝子。這是劇中人的角色，而不是實際生活的為人。

應用扭曲誇張來發展喜劇，的確是充滿了機會，但這只是創造的起點，能否提升品質，繼續成功，就要看創造的功力和演藝的技能了。

扭曲誇張可否用在學術或企業界的創造發明上面？

以心理學為例。我們通常在勸一個人不要緊張的時候，都是告訴他：「放鬆！放鬆！」「不要緊張！」「有什麼好緊張的呢？」但是問題是，如果他知道怎麼放鬆的話還會緊張嗎？心理學家賈可布森（E. Jacobson）在一九三八年就利用了扭曲誇張的技巧，創造了「鬆馳訓練法」。

一般人即使不知道心理的緊張怎麼表達，但起碼知道身體的緊張是怎麼回事吧！賈可布森的「鬆馳訓練法」的原理就是：要讓一個緊張的人放鬆之前，先讓他在身體上極其誇張地咬牙切齒、摩拳擦掌，這樣他在身體最緊張的狀況下，任何的放鬆都可以感覺得出來，而慢慢地，他也就學會了身心如何一起放鬆。賈可布森的這個方法，不僅幫助許多人克服焦慮、恐懼、害怕，而且也意外地讓一些心理學家用來幫我們在前述的「做白日夢」「引導想像」方法中增進創造力。

再以企業界為例。國內的企業界常常忽略研究發展，即使有，也偏重於運用垂直思考，因此水平思考的人如果偶爾應用「倒吃甘蔗」「扭曲誇張」來討論或試圖解決問題，的確會把慣用垂直思考的人嚇壞，更何況這些善於研究發展的人，其穿著打扮或生活方式也可能被認為奇裝異服、行為怪誕。

就有這麼一個例子——

紐約一家公司的董事長在聽了一次演講之後，決定成立研究發展部門，於是總經理在辦公室不太顯眼的地方開闢空間，讓新聘的研究發展人員在那裡「辦公」。有一天，董事長意外經過這間「辦公室」，看到這群研究發展人員衣冠不整、聲音此起彼落，而且完全不理會董事長的出現，董事長一氣之下去質問總經理。

董事長：「你怎麼找來這樣的員工！把他們開除，你也走路！」

總經理：「報告董事長，我們公司這一年來的所有專利以及賺錢的點子，都是這些人衣冠不整地在那個委屈的空間裡創造出來的。」

董事長會心地笑了：「不管他們薪水高低，一律薪水加倍，你慧眼識英雄，獎賞另議！」

拘泥型式和急功近利的人，常常批評研究發展的人「一天上班八小時，也沒做出個什麼東西」，狄波諾建議我們可以將一般人的曲解再加以誇張，也就是說，讓公司付錢讓研究發展者隨心所欲，把研究發展部門視為專業研究機構，將他們的研究成果當做產品賣出去，甚至編列預算向獨立的專業研究機構購買現成的研究成果。

日本能，我們為什麼不能！日本人已經開始向美國挑戰了，日本人再不是模仿者，他們已是創造發明的新秀，並且和美國一樣重視研究機構、向他國購買研究發展資訊。

扭曲誇張可不可以用來解決日常生活的問題呢？

初中時，在上學的途中，我總會看到一個脾氣暴燥的母親不留情地打罵孩子：「死沒人哭！」「恨不得把你剁成肉醬！」「再哭就把你吊起來，像吊鴨賞一樣！」這些話我都耳熟能詳了。有一次我真的看到她像丟皮球一樣把孩子丟出門外。有一天，我終於下定決心，很大聲地對她說：「伯母，妳明天再打好了，我已經告訴警察、老師以及同學，說妳明天要把妳的孩子像吊鴨賞一樣吊起來，而且把孩子剁成肉醬！我們決定在妳替孩子送喪的時候，請學校的合唱團替妳唱『甜蜜的家庭』！」說完，我掉頭就跑，只聽到她在後面對我破口大罵。不過，以後我再也沒看到她那麼不留情地打罵孩子，雖

然她每次罵完孩子之後都會回頭罵我一兩句。

我現在才知道，我當時使用的方法就是「扭曲誇張」，「置之死地而後生」「不入虎穴焉得虎子」都是在說明扭曲誇張的技巧。那麼，在使用「扭曲誇張」時，有哪些注意事項呢？狄波諾提醒你：

- **每次只扭曲誇張一小部分，不要太多，多了容易混淆。**
- **扭曲誇張不一定要很極端，要懂得適可而止。**
- **既要注意扭曲誇張之後激發的新觀念，也要追蹤產生的效果。**
- **不要期望立竿見影，創新的觀念需要時間來發展。**

54 隨機字詞（Rundom word，三分鐘創意思考——隨機字詞的技巧）

隨手拈來的字詞，可用它來天馬行空地聯想，不僅可得到新觀念，也能激發創造力。

「只要一天三分鐘，你就可以成為創意人。」

看了這一句廣告詞，任誰都不會相信，覺得這簡直是吹牛不打草稿。

這話是有點吹牛，剛開始自我訓練的時候，可能需要五分鐘，就是再長也不能超過十分鐘，超過十分鐘就會覺得挫折無聊。一旦見效，確實是每天三分鐘就夠了，但必須持之以恆，成為習慣。

許多人都在半信半疑的心態下，開始試用這個名之為「隨機字詞」的技巧來促進創造力．試用期間是不太能放膽去做的，可是練習幾次以後，就會發現這個方法的效果，因而信心大增。原來這種簡單、刻意的方法，的確可以促進創造力，簡直是不可思議。有了信心之後，有些人就會上癮，在三分鐘之後，觀念如行雲流水，因而情不自禁地自動思考下去。所以提出「隨機字詞」技巧的狄波諾忠告使用者必須懂得適可而止。要成為創意人，每天三分鐘就夠了，只要能持之以恆。

自我訓練必須依據以下四個步驟：

一、確定解決的問題

首先要確定自己想解決的問題。你個人可能有很多急需解決的問題，例如：如何增加收入？如何引起孩子的讀書興趣？如何進展溝通的技巧？如何有趣地背英文單字？如何替新產品命名？如何設計誘因鼓勵業務員？……

有了這些問題，你當然可以每天以一個問題做為訓練的主題。如果你心中想不出有什麼問題要解決，你可以根據時下爭議最多或急需解決的問題來訓練自己。打開報紙，每天都會有一大堆問題，兒童安全、聯考、交通、公園、環境……太多太多的問題可以用來訓練。

二、找尋「隨機字詞」

「隨機字詞」包含兩件事情，一個是字詞，一個是隨機。字詞是指一個字或一個詞，一個字如「銅」「花」「血」「誼」等等。詞如「儀表」「封套」「馬桶蓋」「三寸金蓮」等等，最好是名詞，但不是必須的。

隨機是指找尋這些字詞的方法，怎麼找呢？最簡便的方法是用抓鬮的方式，從一本字典中找出字詞來，例如：零到九共十個號碼，你第一次抓到的三個數字依序為一、三、七，那你就翻到字典的一三七頁，然後再抓兩個數字，如果你抓到的是零、五，那就是一三七頁第五個字或第五行，再根據這個天馬行空地做任何可能的聯想。

你也可以用自由心證的方式，心中想個數字，第一次想到的是頁數，第二次是行（字）數。你當

然也可以用電腦跑出來的亂數表來隨機取字。

你也不是非用字典不可，找一本雜誌或書籍都可以。

三、根據「隨機字詞」聯想

找到了隨機字詞之後，即刻聯想。記住，「隨機字詞」不是在幫你找答案，而是要幫助你想出許多的新觀念，以促進創造力。所以在聯想時，以隨機字詞做為刺激，從各種方向想出各種可能的反應，你可能聯想到一首歌，你也可能聯想到同音異字，你也可能從這個刺激字想到另一個反應字。

四、進行創意的聯結

每聯想到一個反應，就試試這個反應是否和要解決的問題有關。所謂創造就是指原本不相關的聯結，隨機字詞和要解決的問題原本是不相關的，現在根據隨機字詞的聯想，再看看問題和聯想到的反應之間是否聯結，如果有，就記下來，然後繼續聯想下去。如果想不出任何結果，不要氣餒，繼續聯想下去，最佳的創意總有一天會等到你。

舉個例子來說：假設你要解決的問題是：如何設計誘因來鼓勵業務員或推銷員提高績效？

又假設：你用隨機方法找到的字是「鑼」，那麼，你的字詞聯想和創意聯結可能是這樣子的：

「鑼」這個刺激字讓你聯想到「敲鑼開幕」。然後就試想敲鑼開幕和設計誘因的關係，很快你就可以想到公開讚揚績效優良的推銷員，或發表業務成績的排行榜。

「鑼」可以做為裝飾品。再想想裝飾品和設計誘因的關係，既然是裝飾品，便是權利或榮譽，而非物質的報酬，因此可以發給獎狀、獎牌、獎盃等，以便讓績效高的推銷員放在辦公室或家裡，當做象徵榮譽的裝飾品。其他如會員卡等等的權利也是，有些會員卡是身分的裝飾，你有沒有注意到有人在公共場所，有意無意地拿出皮包展示他的會員卡，或在汽車的前後窗貼上代表特殊身分的停車證等等。

「鑼」的聲音大而短，但有餘音。根據這個反應，我們就可以聯想到下列的誘因，不要加薪，因為加薪本身一定是每月加得少，卻是長期的。所以要一次給予很高的紅利或獎金，一次拿到這麼多的獎金或紅利之後，都會有連續幾天的反應，或談論、或眉開眼笑。這個方法在國內一點都不稀奇，你知道有些公司年終獎金一發就是八個月、十個月的。天啊！為什麼沒人對我這樣好？

「鑼」與「螺」同音，因而聯想到螺型。據此可以設計一套螺旋式的升遷制度來鼓勵推銷員。

「隨機字詞」的九個特色

①刺激字詞幾乎是從天而降，不是出自內心想像的。
②激發創意的字詞和原來的問題毫無關係，而且是經由隨機的過程找到的。
③隨機字詞最先和解決問題發生關聯的是，另起爐灶因而提供新的啟思起點。
④隨機字詞和問題之間的聯結，是從各種方向發揮聯想之後產生的。

⑤隨機字詞是在訓練創造力而非找尋正確的答案。但為了解決問題，則必須在想出許多觀念之後，另外經過評鑑的程序才有效。

⑥隨機字詞是所有已知的促進創造力的方法中，最刻意而且最單純的技巧。

⑦使用隨機字詞的方法最初會遭遇一些困難。譬如用隨機的方法找到了字或詞，但就是無法展開聯想。可是慢慢地累積經驗之後，一定會產生效果，有了信心和技巧，你就會發現，你已經是一個創意人了。

⑧隨機字詞所需要的時間是那麼短，在忙碌的工商社會和學校生活裡，再怎麼忙也不會差那三分鐘。

⑨隨時隨地都可以自我訓練。

最後，我們來看看隨機字詞是否另有創意的用途？

你想不想增加英文或其他外文的單字？如果你想，你可以每天花三分鐘創意地學習一個外文單字，不但過程有趣，而且你會牢記不忘，最重要的是，它本來的目的是在增進創造力。作法完全一樣，只是換了一本字典而已。如果是英文，那就是英漢字典。

在居家隔離、旅行或大家無話可說時，試著玩玩隨機字詞，我們可以享受「創造力是性感的生活情趣」。

第六章

創造力與故事

美國 Graduation Wisdom 網站，登錄全美大學畢業典禮演講，並會選出十篇「最好」的畢業典禮演講稿。二〇〇五年賈伯斯在史丹佛大學畢業典禮，以三段生命故事為演講主軸，變成名人說故事的典範。比爾・蓋茲二〇〇七年在他輟學的母校哈佛大學和二〇一四年在史丹佛大學的畢業典禮演講，也都變成說故事比賽。亞馬遜的貝佐斯（Jeff Bezos）規定公司主管們報告時不要使用PPT，要說故事。他於二〇一〇年在母校普林斯頓大學畢業典禮演講中，鼓勵學生們「為自己創造精彩的故事」。這幾年說故事的風潮也影響了台灣一些大學畢業典禮的演講，大家也開始說故事，吸引學生，甚至感動聽眾。

說故事一定有訣竅，坎伯（Joseph Campbell）的英雄之旅，不僅成為電影和說故事的範本，也成為許多大學課堂上的教本。對我來說，以灰姑娘為原型，解釋坎伯英雄之旅的三幕和十二個歷程

最有趣。

許多不管是迷你C、小C、專業C、大C的人，都能從各自的生命故事中（迷你C），找到創意說故事的主題及其結構與發展。

本章的十六篇文章選擇了不同領域的代表，詮釋創造力與故事的關係。首先以亞馬遜創辦人貝佐斯敘說自己的故事並鼓勵大學生〈為自己創造精彩的故事吧！〉開始。接著，包括以童話《灰姑娘》詮釋坎伯的英雄之旅，電影視覺設計師黃齊耀、探索自然的達爾文、童書《小黑魚》、創造力學者史騰伯格（Robert J. Sternberg）、科學家愛因斯坦、經濟學家蓋倫森（David Galenson），以及漁網雕塑家艾克曼（Janet Echelman）等等。另外，本章也以「家扶基金會」「猶太人」和「萬物糧倉，大地慶典」等團隊或族群引介創造力與故事的相遇。

55 — 為自己創造精彩的故事吧！

二〇〇九年因電子書暴紅，美國《新聞周刊》訪問了亞馬遜創辦人貝佐斯，在回答紙本書最終會不會消失時，他說「會的，但我不知多久後才會發生。我們喜愛故事，喜愛敘說，喜愛融入作者的世界中，進入忘我的境界，這件事情是不會消失的，會繼續興盛成長。」

隔年，他在母校普林斯頓大學的畢業典禮演講時，講述孩童時代自以為聰明卻讓祖母傷心的故事。他小時候的暑假最喜歡到德州牧場和祖父母共度充滿活力的假期，他祖父參加拖車之旅，那時候的他，特別喜歡預估和計算。一次旅行途中，祖父開車，祖母坐在他旁邊，抽著菸。而他討厭菸味。他根據記憶中的廣告，計算幾乎菸不離手的祖母每天要抽幾支菸，每支菸要抽幾口等等。然後得意地跟祖母說：「每天吸兩分鐘的菸，妳就少活九年！」他原本期待自己的小聰明和算術技巧能贏得掌聲，但他的祖母哭泣起來，祖父把車停在路邊，打開他的車門，等他下車。祖父注視著他，沉默片刻，然後輕輕地、平靜地說：「有天你會明白，善良比聰明更難。」

他於是告訴他的學弟妹們「天賦和選擇的差異」，他認為聰明是天賦，善良是選擇，然後說明如何運用天賦為後天選擇感到驕傲，他說選擇塑造了自我，我們要懂得選擇為自己創造一個偉大精彩的故事，是的，他的確為自己，也為亞馬遜創造精彩故事。

我們喜歡看電影、讀小說，偶爾也喜歡聽演講，因為他們都在敘說故事，但不是所有電影、小說和演講都會吸引我們興趣，關鍵就在故事說得好不好。

企業家和領導人已經發現了說故事的力量，所以有關說故事領導，或用故事來管理、教學和行銷的書籍隨手可得。TED平台的成功就因大部分的講者都會說故事，商學院也陸續開授有關說故事的課程，善誘學生學會說故事。

史丹佛大學商學院的希斯（Chip Heath）教授在課堂上提供犯罪統計資料給學生，要求他們在一分鐘內說明犯罪為什麼是或為什麼不是個大問題，他發現十個當中有九個會以事實數據的傳統方法發表，而只有一個會將數據融入故事中。他最後要學生寫下他們記得的事情，其中只有5%的人記得統計數據，卻有63%的人記得故事。

這也驗證許多研究說明故事容易吸引閱聽人，就像貝佐斯所說，我們喜歡投入講者的故事中，故事也容易說服、感動別人，讓閱聽人容易記憶講者所要傳遞的訊息。

貝佐斯有關亞馬遜故事之演說不超過二十分鐘，新產品發表也在八分鐘內說完，運用最少的投影片，投影片中文字少圖像多。

這幾年在參與產官學研的會議中，我多麼期待我們也能創意地選擇少貼文字的投影片說好故事。

56 — 聽故事學習成效更好

六月是畢業的季節，所有大學都會邀請名人擔任畢業典禮上的演講嘉賓。應邀的對象通常是學生的角色楷模和媒體的焦點人物。

二〇〇五年賈伯斯在美國史丹佛大學的演講，分享他生活和事業上挫敗經驗及其成功奮鬥的三個故事，到現在為止，光是在YouTube上的原始影片已經接近二千五百萬觀看次數。這種說故事的方式，也幾乎變成常模。例如：二〇〇八年《哈利波特》作者J．K．羅琳、二〇一六年電影導演史蒂芬．史匹柏在哈佛大學的演講，也都在敘述他們各自工作和生活中的挫折，及其克服歷程的故事。

二〇一六年台灣大學的畢業典禮也突破台灣的慣例，邀請翻轉教育名師葉丙成擔任嘉賓講故事。葉教授也以三個故事叮嚀台大畢業生，分享他生活和求學上的反思頓悟，打通任督二脈的經驗。

美國克萊蒙研究大學（Claremont Graduate University）神經經濟學學者查克（Paul J. Zak）根據實驗結果，在其〈為什麼你的腦愛上說好故事〉文章中指出，想要激勵、說服或被記得，就以人類奮鬥而最後勝利的故事啟動敘說。他認為這些故事所以容易被記得，是因為聽眾在情緒上投入了故事主角的生命。

畢業典禮上的演講嘉賓都是活生生對學生有影響力的名人，但是教科書中學生必讀的人物及其成

就，大多數是已經作古的英雄。這幾年來，學者和教師為了激勵學生學習動機和記憶，試著將教科書中的名家或偉人的生命故事融入教學。以科學為例，教科書中除了科學知識，通常也會加入科學家的成就，卻很少敘說他們的生活或做學問的背景知識。

政治大學教育系教授洪煌堯和美國哥倫比亞大學教授林—希格勒（Lin-Siegler）讓二七一位學業成績較低的台灣高一學生，透過非正式的電腦教學學習物理。除了基本的科學概念，也加入科學家的成就事蹟，研究者發現這樣的學習效果顯然不佳，但如果增加科學家有關做學問和生活奮鬥的背景資訊，對學生的認知以及情意學習都有幫助。

接著林—希格勒和她的美國同事，以美國紐約四〇二位九年級和十年級為對象，在閱讀愛因斯坦和居里夫人等科學家的背景知識方面，再細分為兩組：一組是科學家求知的掙扎，例如在研究過程中犯錯或實驗失敗，然後轉敗為勝；一組則是個人生活中的奮鬥，例如，家庭貧窮或缺乏父母支持，卻克服了這個困境。結果發現，閱讀求知和生活奮鬥的兩組學生成績，都比只讀科學家之成就資訊顯著得高，他們也比較會覺得科學家跟自己一樣，需要經過努力、堅持，克服挫敗的經驗。

57 — 灰姑娘的英雄之旅

我們首先看看這兩個人如何定義英雄：

英雄是儘管障礙重重，仍然能夠展現力量，不屈不撓，承受困難的普通人。

——《超人》主角 Christopher Reeve（一九五二～二〇〇四）

英雄是那些能夠了解、接受並進而克服自己命運挑戰的人。

英雄是把生命注入比自身更重大事情上的人。（A Hero is someone who has given his or her life to something bigger than oneself）

——Joseph Campbell（一九〇四～一九八七）

然後再看看另一個名人如何說童話故事。《魔戒》的作者托爾金（John Tolkien）認為童話故事不是專為兒童創作，但成人都會假設兒童才是童話故事的閱聽人。

我是老人，但我就是喜歡童話故事。

我經常從教育心理學和戲劇的角度，來分析詮釋故事中的教養、自我頓悟以及人際關係等議題。其實最吸引我的是故事中主角，他們大多是小人物、弱者或身處劣勢的兒童，是從凡人世界進入探險世界，悟道之後又回到平凡世界的英雄。《千面英雄》的作者坎伯認為：「英雄是那些能夠了解、接受並進而克服自己命運挑戰的人。」

《灰姑娘》可能是最膾炙人口的童話故事，經常被改編成舞台劇、真人電影、卡通片，到現在為止至少已有三四五種版本，是童話故事和英雄之旅的原型。英文的 Cinderala 是一種比喻，表示一個人的特質優點被漠視，意外的在默默無聞、身分低微被忽略時，克服阻礙奮鬥歷練後得到認可或成功。唐朝的《葉限》則早西方八百年就出現了。林語堂也曾經把這個故事翻譯成英文，介紹給西方人。同樣是英雄之旅，但東西方還是有些文化差異，美國的中小學老師在上文化課時，也會依據文化異同比較詮釋灰姑娘和葉限的特質。

《灰姑娘》經常被老師用來詮釋坎伯十二階段的《英雄之旅》（見圖三）。灰姑娘在家中被繼母與其兩位女兒欺負（平凡世界）；希望接受皇宮舞會的邀請（歷險的召喚），但因不被繼母允許（拒絕召喚）；皇天不負有心人，她見到神仙教母（遇上師傅），終於趕去赴宴（跨越第一道門檻）；因為教母的法力讓她在這個階段中老鼠變馬伕、南瓜變馬車，另外變出一套美麗服飾和一雙玻璃鞋（試煉、盟友、敵人）；王子邀她共舞（進入洞穴最深處）；她愛上王子因而陷入痛苦（苦難折磨）；卻意外得到王子的愛（獎賞）；但教母的吩咐，她必須在午夜回到以前的生活，焦急的回去而掉一隻鞋

（回歸之路），後來因穿上了玻璃鞋證明了身分（復甦）；和王子結婚（帶著仙丹歸返）。

一位媽媽請教愛因斯坦，該讓孩子讀什麼樣的書，將來可以成為成功的科學家，愛因斯坦答：「童話故事」。她又問：「然後呢？」「再多讀一點童話故事。」再問：「然後呢？」愛因斯坦堅持信念的說：「更多更多童話故事。」為什麼？在充滿創造力與想像力的童話故事中，可以教讀者人生的態度、解決問題的技能等等，所以不管是大人或小孩都可以接受愛因斯坦的建議，多讀童話故事。

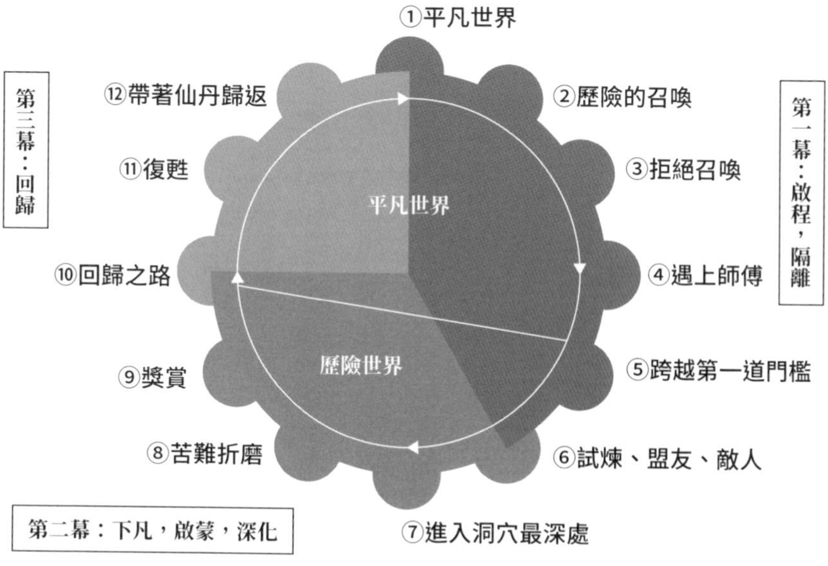

圖三　英雄之旅的12個歷程

58——文化底蘊、生命故事與創意展演——以《小鹿斑比》的創意設計師黃齊耀為例

美國國會圖書館的美國國家電影保護局（National Film Preservation Board），每年都會選出具有「文化、歷史和美感價值」的電影，納入美國國家電影名冊（US National Film Registry）。收入國會圖書館典藏，以確保它們得以保存修復，而豐富文化底蘊，對外開放成為人民可親可近的電影資產。《小鹿斑比》（*Bambi*）是在二〇一一年入選的。

《小鹿斑比》這部一九四二年發行的電影是迪士尼第五部長篇動畫，根據猶太裔奥地利作家沙頓（Felix Salten）的《斑比：叢林生靈》（*Bambi, A Life in the Woods*），以成人為讀者對象的小說改編，其主旨是在闡釋人與自然的關係。德國納粹認為這部小說是猶太人角度的寓言，一九三二年因此被禁。

《小鹿斑比》的製作和放映正是人類描述狩獵者如何冷酷無情地對待可愛的小鹿斑比，這部電影傳遞的訊息是希望觀眾能夠擴展人文精神的範疇。面臨第二次世界大戰的殘酷戰爭，小鹿斑比超越了其個別的生死命運，藉其生命故事譴責所有的暴力和攻擊。

《小鹿斑比》也是第一個有關環保的電影，保護森林生態，主張動物權利。披頭四的保羅．麥卡

尼（Paul McCartney）曾說斑比媽媽被槍殺後，他就決定以保護動物為終生職志。美國林務局為了防止森林火災，還取得圖像使用版權作為標誌。《小鹿斑比》改變了美國的打獵文化，影響所及，就形成「斑比效應」，反對人類殺害「可愛」的動物。二〇一八年，密蘇里州一位名叫貝里（David Berry Jr）的獵人因非法獵殺數百隻鹿而被判入獄一年，每個月至少要看一次《小鹿斑比》。

動畫片的內容是在敘說小鹿斑比從出生開始學習成長的故事，牠和其他可親可愛的動物夥伴在森林裡快樂地自我追尋，但人類卻帶著獵槍，闖進美麗森林，摧毀他們的家園，屠殺他們的親人。有一天斑比和母親被獵人追殺，母親為了保護斑比，要斑比躲起來，不幸的是一陣槍聲之後，母親從此不見蹤影。

影片放映之後佳評如潮，簡潔的山水風格，令人難忘，但幾乎沒有人提起這部電影設計畫面的風格來自一位華裔美籍黃齊耀的獨創理念和手筆。黃齊耀借鑑宋朝山水風景畫，運用水彩創造了一系列的自然場景，形塑傷感、抒情、強烈的氛圍。

宋朝的山水風景畫就是黃齊耀創作的「文化底蘊」，但大多數人不知道，他和小鹿斑比成長的「生命故事」非常相似。

黃齊耀一九一〇年十月二十五日在廣東出生，二〇一六年十二月三十日於舊金山逝世。在《紐約時報》寫了一千四百篇追悼文的福克斯（Margalit Fox）為他撰寫了一篇名為〈《小鹿斑比》的華裔美術設計師黃齊耀逝世〉（*Tyrus Wong, 'Bambi' Artist Thwarted by Racial Bias, Dies at 106*）的追悼文。

一九二〇年黃齊耀的父親為了尋求更好的生活，帶著十歲的他，離開了他的母親，從此母子失去聯絡。跟其他中國移民一樣，為了規避一八八二年美國總統亞瑟（Chester Arthur）所訂定的《排華法

案》（*Chinese Exclusion Act*），他以假身分，一般指「paper son」（冒充別人的兒子前往美國），當時的華裔美國公民被允許自己的孩子移民。到了美國時，他們必須經過相當嚴厲的面試詢問。

經過一個月的海上漂泊，父子終於在一九二〇年十二月三十日抵達舊金山的天使島（Angel Island）移民站。他的父親化名為一個名叫陸吉（Look Get）的商人，他則化名為陸泰佑（Look Tai Yow）。他的父親曾經以陸吉為名在美國居住過，所以可以很快的完成移民手續，但黃齊耀因為是新來的移民，而被迫在天使之島拘留一個月。可想而知他身為獄中唯一的兒童，如何度過悲慘的三十天牢獄。一九二一年一月二十七日，經過三個檢查員的質問，黃齊耀因父親的經驗傳承，準備充分，毫無錯誤地通過嚴厲的拷問，而得以和父親重聚。

好景不常，父子必須被迫分開，因為父親需到洛杉磯找工作，他就繼續停留在加州的首府沙加緬度（Sacramento），並住校就讀當地的一間小學。一位學校老師覺得他應該使用美國名字，就將 Tai Yow 改為 Tyrus，從此他在美國的正式名字就叫做「Tyrus Wong」。

大約兩年後，他就到洛杉磯和在賭場工作的爸爸再聚首，他們兩人寄宿在肉店與妓院間破敗不堪的住屋裡，放學後齊耀在 Pasadena 地區的兩個家庭當僕人，每天只賺五十分。

他的父親每天晚上教他在報紙上練習書法繪畫。念初中時，一位老師注意到他的繪畫才能，替他安排了洛杉磯奧蒂斯藝術設計學院（Otis Art Institute）的一份暑期獎學金，在公立學校毫不起眼的學生回應了藝術的呼喚，這個現在叫做奧蒂斯藝術與設計學院（Otis College of Art and Design）變成他學習藝術的樂園。結束了獎學金的逐夢假期，他決心留下來繼續學習藝術。為了他，父親好不容易湊

足九十塊美金的學費，好讓他追夢。他也在學校擔任清潔工維持生活。一九三〇年畢業，父親剛去世不久，他更必須獨立照顧自己。

幸運地，他找到了應用他繪畫才能的工作。在好萊塢的電影工作室，亞洲人是稀奇且少有的，不管他在迪士尼或華納兄弟，他總是遭遇來自同事的種族偏見，或刻板印象地認為他可能只是在公司內的餐廳工作。他只能像工廠裡的作業員一樣重複的畫，重複的工作，但他似乎沒有怨天尤人，認真工作。

一九三〇年後期，他獲知迪士尼正要改編奧地利作家沙頓一九二三年的小說《斑比：叢林生靈》，是有關小鹿母親被獵人殺死的故事。這和他十歲離開廣東後一直無法再見到母親的命運相似。

要把這本書變成動畫時，迪士尼遭遇困境。他們一九三七年出品的《白雪公主和七個小矮人》大獲成功，每一個細節都非常的精緻，不管是每棵樹上的樹葉或每一朵花的花蕊，都製作得非常生動。迪士尼試圖在《小鹿斑比》中使用類似的風格，結果發現，華麗的背景掩蓋了做為敘事中心的小鹿和其他森林生物。

所有的創作都需要詳細的準備，他們原來想像小鹿斑比的背景是在美國東部的森林，特別是在佛蒙特州和緬因州的森林。當時迪士尼一位較出名的藝術家戴（Maurice Jake Day）親自前往拍攝森林裡的大鹿小鹿和所有相關景色，然後也畫了草圖，但是他們並不滿意。這時黃齊耀顯然深知機會是留給準備好的人的道理。他將他所畫的森林交給戴看，立即吸引了他的目光。簡約的畫解決了原先過度複雜的草圖，就這樣被戴任命為藝術指導或叫做概念設計者。他的畫就是以宋朝山水畫的文化底蘊為

基礎的作品。

一九三九年終於有機會參與《小鹿斑比》的動畫工作，他將深厚的文化底蘊和生命故事巧妙地融合，成就了《小鹿斑比》的創意展演。

59 — 差點被埋沒的達爾文

以語文、空間和邏輯數學三種能力為主的智力測驗，只能肯定部分想要發掘才能、成就事業的人。一九八三年加德納適時提出多元智慧（Multiple Intelligences）理論，讓許多人因此可以在音樂、肢體運動、人際和內省四個領域定位自己。一九九七年他以七位大師做為七種智慧的楷模而出版的《領導大師風雲錄》（*Leading Minds: An Anatomy of Leadership*），因少了一種跟我們生活息息相關的智慧，而忽略了達爾文的典範。一九九九年，他終於增加博物智慧（Naturalistic Intelligence），達爾文也回到屬於他大師的舞台。

達爾文在自傳中敘述他小時候如何討厭學校功課，轉而花時間賞鳥與收集甲蟲。他說：「引領一個人成為系統博物學者的蒐集熱情……在我的心中非常強烈，而且非常清楚這是天生的。」對缺乏博物智慧或從小不被鼓勵接觸蟲鳥草木的人，很難想像整天與動物為伍的生活。一九九五年因發現「早期胚胎發育基因控制」而獲得諾貝爾生理醫學獎三個得主之一的德國學者紐斯森—沃爾哈德（Christiane Nüsslein-Volhard），在她得獎的自傳中，描述兒時在二次大戰即將結束期間，多次到訪祖父母逃難的農場，讓她有機會結交農夫、與動物為伍、參與收成和享受美食。她喜歡花園也養寵物，但總缺乏可以教導她的老師，得靠自己探索發現和從閱讀中獲得知識，十二歲時她已經知道自

己要成為生物學家。後來，在會議中遇見學術夥伴，加入果蠅研究團隊。「我立即愛上與蒼蠅為伍，牠們讓我好奇興奮，在夢中一直跟隨著我。」她說。

兒童天生愛好自然，喜歡到郊外盡興玩耍，不僅探索自然現象，也會從書本、影視、卡通影片中認識動植物等等，對自然界現象充滿好奇的求知欲，弄得全身髒兮兮卻樂此不疲，在森林裡見樹又見林，在溪流中玩水戲魚，不僅坐看雲起時，也注目日出日落。他們也會收藏、歸類自然物件，豢養寵物。

一般人也可以從自然界中頓悟人生的智慧。日本經濟學家赤松要所提出的雁行理論，就是從觀察雁子在空中以「V」字隊形飛行的行為時，頓悟團隊合作、輪替領導、互相扶持和激勵同伴的領導與管理智慧。擅長博物智慧可以從事的行業包括：農林漁牧、園藝、考古、地質、生物、天文地理、生態環保、礦物、海洋、河川、水利、地震、火山、自然攝影、農業文創、獸醫、景觀設計、食品營養、廚藝、化妝品等。

我們也可以結合自然和文學藝術，許多詩詞和成語的隱喻都是藉助自然的觀察、思考與創意，如：在天願作比翼鳥，在地願為連理枝；藕斷絲連；亡羊補牢等。

利用和創造機會讓兒童探索自然，或發掘博物智慧的優點，或親近自然，快樂學習以促進其他智慧的發展，在今天和未來的教育顯得特別重要。

60 魚貫而入「多元智慧」的大海

一群小紅魚快樂的在大海中遊玩時，因來不及脫逃而被一尾大魚吞下肚，只有游泳健將、與眾不同，名叫 Swimmy 的小黑魚倖免。牠雖然為同伴悲傷，但還是盡情的享受大海裡新奇有趣、美麗多彩的自然物景。游啊游的，突然發現一群與家人相似的同類躲在暗處，原來牠們因害怕被大魚吃掉而不敢出門，小黑魚說服大家不能一直躲在裡面，要用腦發想自保方法。

小黑魚突然靈光一閃，建議「集小魚變大魚」，並主動充當眼睛，終於把真大魚嚇跑。

一九六三年出版的《小黑魚》（*Swimmy*），很快成為六、七〇年代人本主義心理學重視的「天生我才必有用」「創意思考」「團結就是力量」和「眼光獨到」的啟發案例。同時，也趕上黑人爭取公民權利的運動。

爭取人權、呼籲終止種族歧視，獲得諾貝爾和平獎的非裔美國人金恩博士遇刺的一九六八年，我正好在紐約教書，並且參與由黑人女士艾倫·史都華（Ellen Stewart）領導的實驗劇場工作。

在教學上或劇場裡，我們曾以《小黑魚》的繪本故事進行改編再創，比如把小黑魚當作是因膚色不同而被排擠、缺乏自信的主角。故事中，我們賦權各種不同顏色背景的小魚們透過腦力激盪，思考如何爭取小魚的權利。在小魚們決定合成一隻大魚時，渴望加入的小黑魚卻只能在旁傾聽，不敢表達

牠的發現與願望。幸好一隻具有同理心的智者小黃魚說明沒有黑眼珠，一定會被大魚識破，立即邀請小黑魚「畫魚點睛」，讓大家優游自在的在自己的原鄉有尊嚴的生活，強化了天生我才必有用、包容異己、互補合作的概念。

這本書的作者李翁尼（Leo Lionni）另一著作《魚就是魚》（*Fish is Fish*）的故事中，一隻蝌蚪和一條米諾魚是形影不離的好友。後來蝌蚪變成青蛙，小魚也長大了，青蛙本能地跳到陸地欣賞溪裡沒有的另類世界；魚想要效法上陸，卻發現自己離不開水，而領悟各有專長和限制的哲思，也驗證了如魚得水、緣木求魚的道理。這兩個以魚為主角的故事，不僅反映人際關係，也強調自知內省的重要。

科學家也從魚的研究中獲得發明的靈感，例如，魚鱗啟發了以色列理工學院魯迪克（Stephan Rudykh）等教授，設計可以抵擋子彈和刀具的創新材料，助長防彈衣科技的革命。

魚不僅映射人類自我反省、人際、科學、博物的智慧，也啟發了視覺空間、語文、肢體語言、音樂的創意。幾米《微笑的魚》繪本和動畫作品、黃春明描寫隔代深厚祖孫情的小說《魚》、京劇裡取自魚類捲曲仰翻形狀的「臥魚」身段，以及舒伯特讓我們想像鱒魚在溪中優遊的快樂和被漁夫捕走的哀傷的音樂作品《鱒魚》等，都豐富了「一魚多智」的學習資源。

61 心理學家史騰伯格──從哪裡跌倒就從哪裡發揮創造力的生命故事

一個人能夠成功地經營他自己、他的人際關係和他的事業，他就是一個實用智慧很高的人。「實用智慧」是一個人在一生當中，無論是做為一個家庭人或工作人所必須具備的條件，擅長實用智慧的人未必是個很會讀書考試、「分析表現」的人；而擅長獲取知識、分析表現的人，和實用智慧高的人都未必擅長「創意思考」。

提出這個所謂智力三元論的心理學家應邀來台做一系列演講，史騰伯格（Robert J. Sternberg）的《活用智慧》（*Intelligence Applied*）這本書就是智慧三元論的應用，這本書改變了心理學家、教育工作者和企業人對智力的認知，大家恍然大悟，原來智慧道路竟是如此寬廣。他進而提出他的思考風格和創造理論，《不同凡想》（*Defying the Crowd*）一書就是他創造理論的知識分享。

他還不到五十歲時，已經著有六十幾本書、五百多篇的論文，一年有五百多萬美元的研究獎助金。他曾任耶魯大學ＩＢＭ的講座教授、奧克拉荷美州立大學副校長以及懷俄明大學校長，現在則是康乃爾大學人類發展教授。

在重視自主學習、主動建構知識、積極參與、互動成長的教學和管理的時候，史騰伯格如何運用

他個人的成長素材和體驗，而成為一個「活用智慧」「不同凡想」的創意人，值得我們從感同身受中洞悉教育和管理的意義。

他很有智慧又能活用智慧，他在體制內改革，在體制內成功，他靠著「不同凡想」的創造力和多元智慧的理論在主流內另創主流。他一生投入古老的智力研究，讓老幹發新枝卻又能見樹又見林，而終於因為「他成功的智慧」，讓樹樹相連形成智力三元論。三十二歲時獲得美國心理學會「在事業早期對心理學有貢獻之傑出科研獎」之得獎評語最能說明他的創意：

……他的研究結合了兩種領域的最佳部分，實驗方法及認知心理學理論和傳統心理測驗的觀念，以分析智慧的表現及個別差異，如此，他跨越並融合了不同的領域，並且活化個別差異研究，以及以實驗的方法分析智慧的表現。

他一九四九年在美國紐澤西州出生，像他這樣研究智慧、智力，又能夠活用智慧的傑出學者，很難令人相信他在小學一、二年級的成績不好，他當時的老師也真的認為他不夠聰明，而老師的看法無形中也成為他對自己的看法；到了小學五年級時，他遇到一個認為他夠聰明，又期待他能成功的老師，他也就順理成章地實現了教師的預言和自我的期許，成績表現從此改觀。

小學五年級時，他曾經因為考試焦慮的關係，在ＩＱ測驗上的表現不佳，幸虧在六年級時，他被要求和五年級的學弟妹一起重做ＩＱ測驗，減少了考試焦慮卻增加了智力分數，他從此不再擔心

考試的焦慮。他化不利為有利，從失敗中引發研究智力的動機，並開始致力建構智力的知識和理論。

在國中一年級的科學作業上，他以「心理測驗的發展」為其作業主題，他不僅自編測驗，又在圖書館意外發現「比西智力量表」，便開始著手對他同學施測。因為有些家長反對，使得學校、整個學區不得不採取行動來禁止他繼續對同學施測。在探索智力的興趣壓抑之後，更引發他強烈的智力研究動機，他山不轉人轉地向測驗出版社採購以繼續他的研究，不該賣卻已賣測驗本給他的出版社後來反而提供機會讓他合法研究。

到了高中一年級，他已經開始從事有關「分散注意對心理測驗表現影響」之實驗，後來他在物理課得到老師的允許，以編製「物理性向測驗」為其科學作業，由於信、效度不錯，這份測驗居然被他就讀的高中採用，以後相繼幾年，他不僅參加由美國國科會委辦的科學夏令營，而且還在著名的測驗出版公司擔任研究助理。

雖然他得優秀獎學金進入耶魯大學心理系就讀，但誰也沒想到一個在心理學界這麼有成就的學者，居然在第一門的心理學課裡的成績只拿了一個「C」，他開始嘗試轉讀數學和哲學，最後還是覺得數學和哲學並不適合自己，他打破了「好馬不吃回頭草」的禁忌，勇敢地回過頭來思考第一門心理學的成績不佳，可能和他讀小學時在焦慮之下參加ＩＱ測驗一樣，表現不佳並不是他的能力不足，可能是因為和教授的思考風格不一樣所致，這位教授的測驗重視「細節的記憶」，而他則擅長分析、創意的能力、以及「立法的」「整體的」思考風格。果然不錯，在要求分析和創意能力的作業，以及可以展現他立法和整體思考風格的心理學課程中，他的研究才華表露無遺。

企業界常常因他們對員工的期望要求和實際表現之間的落差，而呼籲我們的教育必須重視學生的創造力之培養和實用智慧之加強，在台灣絕大多數的我們都是在過分重視獲取知識、考試表現中長大的，而且在挫折成功之間不斷徘徊，這些親身的體驗是否也能成為我們創意的來源呢？

62 — 科學家的玩興

愛因斯坦伸舌頭與騎腳踏車的照片很能表現出他的玩興，他四、五歲的故事可以說明他玩興的本質。那時父親送給他一個羅盤，他非常訝異指針如何不受外力的影響，可以微妙地找出方向，不管他如何旋轉羅盤，指針就是頑固地指向北方。這和他所知道的其他事物不一樣，於是很想拆開羅盤，看看背後到底隱藏了什麼神祕的力量。這就是他認知玩興展現的最佳例子。直到愛因斯坦六十七歲，他在回憶童年的羅盤經驗時還感到十分的激動、興奮。林語堂自問自答說：「人類如何發現文明？就是人類有一種戲弄（玩興）的好奇心，用雙手去摸索，把一切東西翻過來考驗研究，而這樣的活動形象，就是一個科學上的真理。」

愛因斯坦的這種內在動機、樂在思考的認知玩興是促進他的創意發展和科學發現的動力，他的一些名言也可以佐證，例如「在我無事可做的時候，我會把已經知道的數學和物理定律一再反覆推演。這樣做沒有特別的目的，只是為了陶醉在思考的樂趣之中而已」「真是奇蹟啊，好奇心終於還是在正規教育中存活下來」「重要的是『要不斷提問』」。

愛因斯坦在瑞士聯邦專利局上班的那段時期和兩位好友成立奧林匹亞學院，後來會員不斷增加，他們輪流到各人住所聚會，過著「快樂的貧窮日子」。他們除了胡鬧以外，也討論較嚴肅的哲學、物

理等相關問題。

愛因斯坦的確是一個天真浪漫、無拘無束、能度輕鬆、生活充滿樂趣又能自娛娛人，而且喜歡冒險嚐鮮多元體驗的玩興人，除了享受音樂的樂趣、自娛娛人以外，他也會體驗多元的機會，他在奧林匹亞的親密朋友沒有大科學家，藝術家或文學家，但這些人都充滿活力、共享理念，且互信互諒，他們的對話自然流露，有時甚至粗俗而不介意，正好合乎了林語堂的友誼條件。

他的多元經驗影響了他願與凡人溝通，他經常被要求解釋相對論，當他引用宋朝蘇東坡的「生而眇者不識日」的寓言時，他已跨越了時空的閱讀，而當他說「把你的手放在熱爐上一分鐘就好像是一小時，但如果你坐在美女身旁一小時，卻好像是只一分鐘，這就是相對論。」這段話就展現了他自娛娛人的玩興。

這除了表現他的熱情和創意與非知識分子或凡人溝通以外，這個比喻是否由他創造都已經不重要了，但當他說「你不能真正地理解某些東西，除非你能夠將它解釋給你祖母聽」這樣的話時，我已然相信他與民同在，這正好符合了林語堂心中的資格老道的教授能深入淺出解釋抽象概念的條件。

63 — 集編導演於一身的導覽

台灣的競選活動，說明了為什麼莎士比亞的「世界是座舞台」是常被引用的名言。議會當然是一座舞台，其實這些年來，處處都成為政治人物的表演劇場。

社會學家高夫曼（Erving Goffman）的《日常生活中的自我表演》（*The Presentation of Self in Everyday Life*）就應用戲劇隱喻，闡釋每個人每天如何扮演角色、呈現自己和整飭印象。企業策略專家派恩（B. Joseph Pine II）和吉爾摩（James H. Gilmore）的《體驗經濟時代》（*The Experience Economy*）更具體地指出「工作就是劇場，各行各業都是舞台」。

不管學者專家如何應用戲劇的隱喻論述各行各業的表演，我則想從自己的經驗中，體會現在越來越普遍跟大家關係密切的導覽角色，除了專職的導覽以外，更多的是志工，從故宮到地方美術館的導覽、從兩廳院到文化中心的導聆，幾乎每個導覽都需要同時扮演自編、自導和自演的角色。

交通部觀光局東北角暨宜蘭海岸國家風景區的壯圍沙丘旅遊服務園區開幕後，招聘了三十七位導覽解說志工，主辦單位要我以「如何在壯圍當個稱職的擺渡人」，做為最後一堂課的演講題目。我不免俗地引用莎士比亞「世界是座舞台」，而將每一位導覽解說志工定位為「編」「導」「演」家，他們首先需要編創故事，然後且導且演整齣戲劇、說好引人入勝的故事。

在編劇方面，他們都在實踐賈伯斯「創造力就是在連結不同事件」的說帖。每位志工都會根據個人的認知與經驗，或是訓練期間與往後將要擁有的資訊、知識、經驗、智慧和各自創造力、同理心和美感等各種元素創意組合編製打動人心的故事。

在導演方面，他們需要善用《體驗經濟》的原則，創造將娛樂、教育、審美和沉浸當下四大領域融入觀眾的體驗歷程，從而產生美好的記憶。在表演方面，我認為服務心態是關鍵，必須多點真心、少些矯情，雖然每個說故事的人都已有一套劇本，但每一次的導覽就是一場演出，必須因「時地人事物」等，尤其是觀眾的變化而即興互動說故事。

每次赴國外旅行，即使坐在車上，我也會專注地觀賞「導遊」的演出，車廂就是他們的舞台，手握麥克風就像有時是演唱會的歌手，有時是節目主持人，更多時候就是說故事的人，當地歷史文化或政治人情事故的詮釋者，當然有些導遊則是單口相聲演員。

我衷心期許，所有場館的每位專職人員、志工，以及專業的導遊都能成為集編導演於一身的快樂導覽、說故事的專家。

希望觀光局、旅遊業、各種場館都能夠將「導遊」或「導覽」定位為集「編」「導」「演」於一身的說故事達人。

64 — 家扶共創、共享、共責的故事

在一九七九年至一九八五年間，以及一九九一年至一九九四年間，我有幸擔任家扶基金會董事長九年，而擔任基金會內的董事，也長達十八年的時間，因此我對家扶，有一份很深的感情。雖然我不再擔任基金會的董事，但很高興財團法人台灣兒童暨家庭扶助基金會已然成為「社會創新」的典範。

在我回憶裡有幾件家扶創新發展的故事，代表不同階段的重要關鍵。

市井小民的力量

八〇年代到九〇年代，正是台灣經濟快速起飛時期，「女工」不但是台灣外銷出口製造的一股重要力量，也是協助家扶成長的功臣之一。當時為家扶慷慨解囊的大多為小額捐款，而且不少是來自女工的愛心，她們大多是鳳飛飛的忠實歌迷，代表著台灣市井小民的良善與溫暖。

我印象很深刻的是，曾經有位女工寫信給家扶，表明自己收入不高，再加上即將結婚，深怕持續捐款會讓婆家不高興，因此得停止善行。但是她特別註明，已經協調在工廠共事的其他女工接手捐款，讓愛心不至於中斷，我看了真心認為，這就是來自台灣民間非常動人的力量。

女工雖然薪水不高，卻如此踴躍響應家扶的扶助方案，這其中原因，可能是遍布全省的家扶中心扎根很深，加上家扶所幫助的孩子，也都是女工生活環境中，所會注意到的弱勢族群，自然就會認同家扶的服務方案是件好事。

另外，台灣人很有惻隱之心，每回有天災，總是有很多來自社會各界的小額捐款。

最重要的是，台灣的經濟已發展到一定水準，大部分人都能找到工作，因此，內心有一股「慶幸」與「希望」，在行有餘力之時，也會想把這種「慶幸」與「希望」，傳達給更需要幫助的人。

再來，我想要提一下媒體的效應，如何幫助家扶迅速發展，邁向自立。這就要回溯到張小燕膾炙人口的電視節目《綜藝一百》。

非營利組織與媒體的精彩合作

我在家扶基金會董事長任內，一次在敦化南路的飯店喝咖啡，巧遇因蘭陵劇坊而認識的張小燕，沒想到開創了家扶與媒體攜手合作的先例。

當時知名作家薇薇夫人在華視主持由鄭淑敏女士製作的節目，其中每週五的「心理與生活」單元是由我主持，除此之外，我與電視圈的淵源並不深。

不過也就是這段期間，家扶正處於脫離美國援助、邁向自立的關鍵時刻，如何募款，成為當時一大要務。我看到張小燕，靈機一動，如果擁有極大號召力的張小燕願意幫助家扶，會為當時亟需各界

捐款的家扶，帶來極大助益，因此大膽向她提出邀請。

一九八三年，每個禮拜天華視的《綜藝一百》，是當時最受歡迎的綜藝節目。張小燕在當下就表達極大的意願。一週之後她回覆，提議在《綜藝一百》開闢一個五分鐘的溫暖單元，搭配鳳飛飛所主唱的歌曲《溫暖》，將家扶的故事帶給大眾。

張小燕只有幾個要求，第一，她希望節目呈現不要悲情；第二，不過度強調弱勢孩子的窮困；第三，每集節目最後都邀請一些家扶幫助的孩子，讓他們上節目表演，也讓大眾認識這些孩子，帶來溫馨的感覺。

這個單元播出後大獲成功，鳳飛飛的歌迷、張小燕的粉絲以及其他愛心人士，為家扶捐來了大量的捐款，並促成家扶前往澎湖等地設立家扶中心，當年新台幣兩億三千萬元的募款目標，也就順利達成。

這是原本無關的非營利組織與媒體兩者創意合作的精彩例子，也是家扶創新發展的第一個關鍵。

打造更健全的董事會

第二個關鍵，是如何奠定家扶的永續發展之董事會結構。

在家扶自立後，我認為在董事會組織上必須進行改變，將自己定位為更專業的非營利組織，因此董事每任三年，連選連任，但董事長連任兩次最適切，就由我領頭做起，這樣可以防止組織落入僵化。

除此之外，家扶基金會的董事來源也越趨多元，實踐「借腹生子」的異質交流的原理。

除了由各地家扶中心「扶幼委員」中進行遴選，邀請他們進入董事會，加入來自地方的聲音，讓意見更多樣化；我也提議邀請曾受家扶幫助、後來成功自立、有所成就的「自立青年」加入董事會，因為他們曾經在家扶的扶持下，跨越障礙自立成功，最能理解需要，設身處地，是最好的楷模。

這麼多年來，很高興看到自立青年仍然踴躍地在董事會以及愛心工作上發揮同理心和家扶基金會一起成長。

每個人都具有同情心，但如何將同情心提升到感同身受、角色取替的同理心，並且保持樂觀希望的態度，必須成為領導社會創新的基本原理。需要並接受家扶中心扶持的兒童，因為資源的缺乏、機會的不足。很可能不理解自已的優勢和才能，即使知道也沒有適當管道發揮才能。

第三個關鍵就是一九九三年成立兒童才藝發展中心，先從音樂的才能啟動，由中學庸教授召集一群傑出的音樂家樊曼儂、許博允、溫隆信、李泰祥、許婷雅等人共同參與，兒童才藝計畫到現代已開枝散葉，由各家扶中心適性發展，令人欣慰。啟動這個計畫的當時，哈佛大學教授加德納正提出多元智慧，如火如荼地影響適性揚才的教育理念，發揮教育同理心就是讓每個兒童都能夠克服他（她）的不利環境，適性揚才。

比爾・蓋茲夫婦在二〇一四年共同在史丹佛大學畢業典禮上演講時，說以前對他而言貧窮只是數據，一直到他親赴現場體驗時，才恍然大悟「貧窮的真實樣貌」。他以前並不知道即使在富有的美國，還是有許多貧窮的青年無法上大學。

成長是連續的，自立青年克服重重困難，而在成人的世界中自立成就，在初中或國中與成人世界

之間，經過了高中職和大專院校兩個階段，即使今日，來自經濟不利環境的青少年，在缺乏教育、財務和學習各種資源下，進入私立學校的可能性遠比來自中上層家庭的青少年多。在一九八〇年的那段時間，恰好看到有關這方面的研究報告，很高興家扶中心行動力特強，很快找出考上大專院校需要學雜費和生活費幫助的青少年。

第四個關鍵是一九八九年開始徵求社會愛心人士認助，到了一九九三年就演化為每年固定的大專獎助金的計畫，讓這些青少年可以繼續升學，邁向適性揚才、自立成功的前途。

鄭淑敏女士在擔任中視董事長時，有一天突然問我，她過去認養的一位澎湖女同學，現在在做什麼，有沒有需要幫助？她和家扶中心聯絡之後，發現這位女同學已經在文化大學就讀，每學期的學雜費加上每一個月的食宿費用，的確遠超出他們家庭的能力，雖有家扶中心的大專獎助金，仍然需要忙碌的打工。她立即透過自已的關係資源，提供這位同學可以在一個鐘點費比較高，工作和她所學接近的工讀機會。知道這件事之後，這位同學的媽媽居然在馬公機場拜託旅客將他們當天補獲的魚送給鄭女士。這樣的同理心、正向的心理，就是家扶基金會的精神。

同理心不僅存在於人與人之間，也存在於文化之間，家扶中心的成立首先就是由美國人協助台灣的兒童和家庭。當家扶中心可以自立立人時，同樣可以發揮文化謙卑心和同理心。

第五個關鍵就是在一九八七年展開國外兒童認養計畫。能夠分享家扶中心在社會創新方面走向全球在地化（Glocalization）的成就，我與有榮焉。如果比爾・蓋茲知道這件事，他也應該會引以為傲，而加入共創、共享、共負責任的運動。

我一直認為，民主社會的各種組織，一定要能共創、共享、共負（責任），發揮同理心，讓每個人都可以適性揚才。二〇二一年就要七十歲的家扶基金會，就是這樣的社會創新組織。（文章原刊載於《愛的先行者：翻轉五十萬個生命的家扶》，二〇一五年，第一〇〇頁）

65 閱讀是選擇不是應酬

莉莉的老師為了培養學生的閱讀興趣，每個月都指定一本她心目中的好書，要求學生讀完之後，寫一份心得報告。莉莉爸媽通常也都利用週末陪孩子做功課。這天，爸爸告訴莉莉，他們要去應酬，不能陪她。乖巧聰明的莉莉眼睛一亮，問：「什麼是應酬？」媽媽答：「應酬就是你有一點想要又不太喜歡，但又必須去做的事情。」莉莉撇著嘴，然後說：「好吧！你們到外面去應酬！我就待在家裡**『應酬』**。」

如果閱讀變成應酬，那麼我們就可以理解，為什麼台灣閱讀的風氣不盛。

根據文化部二〇一三年三月二十一日在行政院院會的報告，台灣每年平均閱讀兩本書，落後法國、南韓的十本，新加坡的九．二本，日本的八．四本。緊接著在四月五日，美國的《大西洋月刊》出現一篇由布萊斯（William Blythe）所寫的〈Why Doesn't Anyone in Taiwan Read Anymore?〉，看看轉載的紀錄，「家醜已然外揚」了。

二〇〇一年諾貝爾物理獎得獎人威曼（Carl Wieman）得獎後，全心全力投入美國的科學教育，其主要驅力跟他兒時的經驗有關。他在奧勒岡州一個偏鄉的森林裡長大，父親是伐木工人。每個星期六，父母都會長途開車到最近的城裡購買生活必需品，而且一定安排時間讓全家利用圖書館。住家地

處偏遠，又不在該館服務範圍，館員卻突破轄區概念和每週只能借五本書的規定，准他多選他想讀的書，而他總是等不及趕快回家閱讀。

閱讀學者加瑟瑞（John T. Guthrie）等人發現，學生閱讀自己選擇的書時，不僅提升閱讀的專心與興趣，而且也增進他們閱讀的承諾和努力。

一家公司的老闆為了鼓勵員工閱讀，每個月都會指定大家閱讀一本書，第一個月，所有人都完成任務，而且快樂分享；半年後，認真閱讀的人已所剩無幾。應老闆邀請替員工主持閱讀工作坊。我首先要求每個人，介紹一本他最想跟人分享的書，三十四個人當中，一共分享了二十五本。

這樣的做法，在我的政大EMBA四天三夜「領導與團隊」的課程中如法炮製，每年大約兩百人中，最多也只有十一本書是重覆的，而且沒有一本重覆的書超過四個人。這種選擇閱讀的方式也已在政大MBA、中山大學西灣學院創業講堂和創造力與社會創新的課程實踐了。

最近，以美國賓州大學華頓商學院摩吉納（Cassie Mogilner）為首的幾位行銷學教授，研究提供產品給消費者選擇的方式對他們選後滿意度和承諾感的影響。第一種方式是同時呈現各種產品，讓消費者選擇一個他最喜歡的；第二種方式是每一次只提供一個產品。結果發現，消費者對第一種方式的選後滿意度和承諾感都比較高。

莉莉的老師和公司的老闆，每次指定一本書要求學生或員工閱讀的方式，使閱讀容易變成應酬。而威曼同時從許多書本中選擇他喜歡的經驗，果然激勵他對閱讀的高昂興趣和承諾，這也就是為什麼他身為科學家，也喜歡閱讀文學的原因。

66——別急，耐心等待大器晚成

一九七二年秋季，就讀哈佛大學經濟系四年級的蓋倫森（David Galenson），大膽選修了哈佛大學哈佛學院為全校學生自由選修所開設的各種課程中一門「十七世紀的荷蘭藝術」的課。

他說上第一堂課時，教授展示文藝復興時期《聖母與聖嬰》的影像說：「畢卡索十七歲時，借用拉斐爾（Raffaello Sanzio）的畫風，模仿了這幅畫。」接著教授問這些將近二十歲的學生：「你們最近做了些什麼？」這個問題多年以來一直在蓋倫森的腦海中盤旋。讀研究所時，眼看一些同學完成博士論文，很快地得到了肯定，並且獲得終生職，他卻必須在圖書館裡精心計算十七和十八世紀一疊又一疊的契約紀錄。最後，他終於完成了博士論文，而且在滿是諾貝爾獎的芝加哥大學經濟系得到教職。他是殖民時期的經濟歷史學家。

他不是少年得志，但在亦步亦趨的研究中，有機會成為大器晚成的學者。

一九九七年，四十六歲時，他決定買一幅美國畫家勒維特（Sol LeWitt）的水彩畫。在付錢之前，他打電話給藝術界的朋友，被告知那樣的價格太高了，「以那樣的尺寸來說，我們賣的會比較便宜。」他非常驚訝地發現畫作的尺寸也決定了畫作的價格。他認為作品價值應該與在畫家的生涯中的哪一個

階段創作有關，可是為什麼藝術界的朋友卻認為尺寸是關鍵的，而不是事業階段決定作品價格。

一直以來蓋倫森的學術工作，就是在連結美國殖民時期契約工年齡和生產力，以及年齡和奴隸買賣價格的關係。最後，他還是買了畫，但心中已經燃起有關藝術方面的學術研究問題，等待回答。

他選擇了四十二位當代美國藝術家，並且探討他們作品的拍賣價格，控制了會影響價格的尺寸大小、素材以及其他變項，他開始描繪出每位藝術家的年齡及其不同畫作拍賣的價格。他發現有些畫家在年輕時的作品創下最高的拍賣價，然後逐漸下降，例如三十三歲時的安迪沃荷（Andy Warhol）、二十四歲時的斯特拉（Frank Stella）和二十七歲時的瓊斯（Jasper Johns）。這些人後來的作品其拍賣價格都無法超過年輕時的價碼。另一批藝術家畫作的拍賣價格開始時並不起眼，卻逐漸升高，到了年齡比較大時，到達高峰，四十三歲的德庫寧（Willem de Kooning）、五十四歲的羅斯柯（Mark Rothko）和七十二歲的馬瑟威爾（Robert Motherwell）。

除了拍賣價格外，他也從不同角度探索年齡與作品的關係，藝術史教科書通常可以反映出學者對藝術家作品的評價，被選入教科書的作品，就是這些學者認為比較重要的，他和助理不厭其煩地從藝術史的書中，整理資料、了解藝術家作品的重要性。他們發現這些藝術家作品的重要性和年齡的關係仍然呈現兩種現象，一類是屬於少年得志型，另一類則是屬於大器晚成型。他們更近一步閱讀這些藝術家的傳記與資料，發現同樣的現象。論文也一篇一篇地登在學報上，最後也將這些資料寫成專書《Old Masters and Young Geniuses: The Two Life Cycles of Artistic Creativity》最能反映這種現象。

他認為畢卡索是概念型的創新者（Conceptual Innovator），他突破過去的畫風，而倡導了立體主

義，導引畫作的新方向，他的《亞維農的少女》（*Demoiselles d'Avignon*）被藝評家選為百年來最重要的畫作，出現在大多數的歷史教科書裡，這是他二十六歲時的作品。雖然畢卡索的繪畫生涯很長，但出現在教科書裡的作品，大概有40%是在三十歲前畫的。

蓋倫森認為塞尚（Paul Cézanne）則是一位實驗型的創新者（Experimental Innovation），他一步一腳印訓練自己的技術，逐漸、慢慢達到自己的目標，他是屬於大器晚成型的。在他眾多作品中，價格最高的是在他死前一年、六十七歲時的作品。即使在教科書裡，他是二十世紀法國畫家中第三順位最常被提到的畫家，但只有2%的作品是在他二十幾歲時畫的，60%則是在五十歲後完成的，六十歲後則完成生涯三分之一作品。蓋倫森認為概念型的創新者來自火星，而實驗型的創新者則來自金星。

這種現象不僅限於畫家，詩人、小說家、科學家和經濟學家、以及其他一般人也都一樣。

在科學家方面，愛因斯坦是屬於概念型的創新者，而達爾文則是屬於實驗型的。在電影方面，威爾斯（Orson Welles），最好的作品是在二十六歲時的《大國民》（*Citizen Kane*），而希區考克（Alfred Hitchcock）則是屬於實驗型的，他最好的作品《迷魂記》（*Vertigo*）是五十九歲出品的。蓋倫森最近也研究諾貝爾經濟學得獎者的研究生涯，得到同樣的結果。以他們最被肯定的研究來說，第一類型的人平均年齡是24.8歲，第二類型的人，平均年齡則為47.1歲。

概念型的創新者在他們自己的領域中做出勇敢的、戲劇性的跳躍，他們突破性的作品都在年輕時完成，渴望溝通具體特殊的觀念或情感激勵他們創作，通常他們都有相當清楚的目標，而且也會事先規畫，系統地完成，但他們的創新常常像神來之筆、靈光一閃，讓新觀念的產生突破以前的產品，甚

至於跨越自己以前的觀念。例如孟克（Edvard Munch）、梅爾維爾（Herman Melville）和威爾斯。

實驗型的創新者一生都在嘗試錯誤，一直到了事業後半段才能夠產生最重要的作品，他們的目標通常比較模糊，這種模糊的目標導致他們在不確定的狀況下進行嘗試錯誤，慢慢累積進步，長期後歸納或統合出具爆發力的作品，例如羅丹（Auguste Rodin）、馬克·吐溫（Mark Twain）和希區考克。

台灣的媒體、教育、社會、家庭特別喜歡渲染神童，或祈求天縱奇才，從以前的不要輸在起跑點上，到現在的參加比賽或進入資優班，偶爾也會經過多少被忽略、被輕視的挫折失敗中，終於成為大器的例子，我們卻強調大器的部分，而忽略他們一步一腳印、長年累積，甚至多方探索，歸納出來的爆發力。

卡爾加德（Rich Karlgaard）二〇一九年六十四歲時，出版了《大器可以晚成：當世界沉迷於少年得志，耐心是你成功的本事》（*Late Bloomers: The Power of Patience in a World Obsessed With Early Achievement*）。他二十五歲在加州矽谷擔任保全，一天晚上執行勤務時突然頓悟，史丹佛大學畢業的人和一條狗卻擔任同樣的工作。想想同樣二十五歲，賈伯斯帶領蘋果上市，他卻看不到希望。後來他發揮寫作專長，也合辦了雜誌，成為暢銷書作者，並且在四十四歲成為《富比士》（*Forbes*）雜誌發行人。

科技企業界提供機會給賈伯斯或薩克伯等少年得志的年輕人，但少年得志能否繼續成功或快樂，不僅需要不斷創新，也需要永續經營。這些人從年輕就有得天獨厚的讚賞，但社會也一定要認識，的確很多人都需要經過嘗試錯誤、摸索自我、尋找可以認同的事業，而成為大器晚成的創新者。

67 — 創意、創新和創業是體驗不同文化的伴手禮

艾克曼（Janet Echelman）大學畢業後申請七個藝術院校都被拒絕，她的求學命運還真像馬雲，幸虧她和馬雲一樣堅毅樂觀有創意。她很努力的畫了十年的畫，就是要讓自己成為藝術家。

十年後，她獲得了Fulbright獎學金到印度當交換藝術家，準備到印度南部的馬馬拉普拉姆（Mahabalipuram）地區舉辦畫展，展期到了卻不見郵件，她只好窮則變，變則通，發揮了拼湊或隨創（bricolage）的創新。

在這個以雕塑出名的漁村，從來沒有學過雕塑的她，經常在沙灘上散步，總會看到收好的漁網，但就是沒什麼感覺，卻在此刻「踏破鐵鞋無覓處，得來全不費功夫」。她於是運用漁網的材料，發展出新的雕塑方法，同時創造出大型而輕盈的作品。她的第一個作品跟當地漁民共創，是自我解嘲的幽默作品，叫「大屁股」，儒雅一點就叫「寬臀」。她激起創造力學者契克森米哈伊所謂的「福樂」（Flow）的感受，面對手工藝的高度挑戰，她邊和工匠藝師們學習，增進自己的技藝，同時也不斷地接受挑戰，最後終於讓她的技藝和挑戰相得益彰，進入了著迷福樂的境界，從發現不同材料，和不同漁民工匠合作，不斷淬煉。她的漁網雕塑作品就這樣在世界一些國家的空中飄揚。

不同的文化經驗會增加旅行者、參訪者、學習者或創作者另類的經驗、知識、智慧、心態和架構，

最終促進了創造力，這幾年心理學家和組織行為學者的研究都驗證了「多元文化經驗促進創造力」的假設，正如我們常說的「行萬里路，讀萬卷書」一樣。

在媒體上、書籍中我們都可以發現包括藝術家在內的各種人物，如何從不同文化接觸中吸取經驗和智慧，豐富創作、教學、意義建構、政策的擬定及其實施。這幾年台灣的政府官員、企業家、藝術家相繼參觀了日本的「大地藝術祭」「瀨戶內海藝術祭」等等之後，我們都可以看到台灣不少的藝術季或節慶，多少反映了從參訪中吸取的概念、作法等等。

很高興宜蘭縣政府文化局與財團法人蘭陽文教基金會於二〇一六年開放心胸，大膽嘗試，攜手共辦第一屆「蘭陽青年圓夢計畫」，提供蘭陽青年體驗不同文化，投入教與學的互惠結緣，增進創造力。這些圓夢青年將坎伯英雄之旅的歷程和發現集結成書《YES！出發尋夢去～種子的力量》，這本書包括文化藝術、高齡友善、綠色產業與城鄉發展等與家鄉土地相互聯通的內容，他們旅遊的足跡遍及日本、荷蘭及馬來西亞。

這六位青年並沒有遭遇艾克曼的困難，但同樣發揮了拼湊和隨創的精神，將來他們也會努力的勇往直前，逐步實踐各自的願景：創意、創新或創業。相信他們能夠像艾克曼一樣，應邀在TED等公共媒體分享旅程，受邀或主動策展、研究、管理、創作、教育、推廣等等，跟更多人分享，並燃起更多青年築夢圓夢的熱情和行動。

68 — 果然又是猶太人

在回台灣之前，我無可救藥地渴望置身藝術環境的紐約，誤打誤撞進入一所猶太人大學的社會科學研究院謀得教職。這所大學最有名的是位於紐約上城的愛因斯坦醫學院，我們的研究院和紐約大學緊臨華盛頓廣場和格林威治村。往東走不到十分鐘就是實驗劇場大本營——La MaMa 實驗劇社，這就是我在紐約主要的工作生活圈。

剛到紐約時，轉角就會遇見的猶太藝術家和學者，學校同事和學生當然也是猶太人居多。在沒有網路的時代，我必須透過閱讀、觀察、詢問，才能入境問俗，第一個入境問俗的方法是觀看電視的喜劇節目，果然許多喜劇演員都是猶太人，我喜歡的一個節目主持人卡維特（Dick Cavett）背後的撰稿人如伍迪·艾倫也是猶太人。

在劇場方面除了快樂吸取外百老匯和外外百老匯的劇場經驗，我也特別「儉腸凹肚」觀賞百老匯的演出，意外發現音樂劇《西城故事》的五位夢幻團隊藝術家都是猶太人。其中以作曲家伯恩斯坦（Leonard Bernstein）最為大眾所知。我的學生絕大多數都是博士班的研究生，每個人都有工作經驗，甚至專職教書或擔任行政等等。

猶太人獲得諾貝爾獎，對同事和學生來說是理所當然的，沒有人會特別在意，可是我卻慢慢養成

一種習慣，每年必定注意各類獎項中猶太人的比例。現在電腦上連維基百科都會立即整理出名單，猶太人的雜誌或網站也都一一整理。二〇一七年有猶太人得到生醫和物理獎，或許是因為我期待經濟學獎得主塞勒（Richard H. Thaler）會得獎，公布之後我立即說：「果然又是猶太人！」猶太人不只在學術、研究及行政，藝術、文化、娛樂、政治的實權人物等等位於要津，在全世界、美國富翁中也幾乎占了一半，很多文章都在問「為什麼猶太人這麼行？」最近以研究創造力出名的韓裔美國人金（KH Kim）博士一篇猶太人是不是比亞洲人更聰明的文章，引起爭辯，因為她認為猶太人比亞洲人多出六二五倍機會獲得諾貝爾獎。諾貝爾獎跟IQ無關，但與創造力有關。一群韓國人相信研讀猶太人的《塔木德經》（*Talmud*）是成為聰明人的主要原因，在學校裡進行這樣的課程。南京大學也成立猶太文化研究所（原名猶太文化研究中心）。

曾經獲得諾貝爾和平獎、兩度擔任以色列總理的裴瑞茲（Shimon Peres）說過：「以色列缺乏自然資源，我們學會了激賞我們最大的國家優勢：我們的心智。透過創造力與創新，我們將不毛之地轉化為豐富的沃野良田，而且在科技方面居於領先地位。」那麼什麼是心智的資產？至今已銷售三千五百萬本的猶太女性小說《怕飛》的作者鍾（Erica Jong）在書中說：「猶太的科學是以問題回答問題。」我在猶太人的社群親自領略他們的這種思考習慣，除了常問「為什麼？」他們也會像蕭伯納一樣問「為什麼不？」

猶太人的一個笑話是，一位猶太老者在餐廳裡點一碗湯，看了一下他就很有禮貌地請侍者過來，告訴他：「請你嚐一嚐。」侍者不解地一再提出問題：「太冷太熱？你不喜歡味道，還是有其他理

由？」老者還是不厭其煩地請侍者回來嚐一嚐。侍者說：「我就嚐一嚐吧！但是湯匙呢？」「這就是問題所在。」老者說。不管是以問題回答問題，或問為什麼或為什麼不，以及不命令、教導或責罵，而是讓對方逐漸發現問題所在，這些猶太人的習慣都是創造力學者或者所謂自主學習或學習者中心鼓吹的態度和技巧。

佛羅里達大學醫學院的海爾曼（K. M. Heilman）研究為什麼諾貝爾獎四分之一得獎人是猶太人的原因時，認為猶太人的教育是培養孩子不要人云亦云、不要盲從，而是要質疑權威、拒絕服從、學會愛好熱忱地提出問題，並且尋求其他可能性。一位成功的日本人到了中年後改信猶太教，《勇敢議論所有事》的作者石角完爾認為「但這樣並不表示他們不尊重別人或長者，就事論事時不分長幼的習慣」。

許多介紹猶太人為什麼特別成功的書籍，都會提出其關鍵理由，我認為以下因素最是共識：鼓勵創造力；了解真正的財富是可以隨身攜帶的知識；培養閱讀習慣；懂得提問挑戰；發揮好奇心；照顧好你自己，別人就會照顧你；成功的人基本上都是專業人員和企業家；發展使用語文的信心和表達能力。

69 —— 以色列的創業人才培育從小開始

不久以前應科技部邀請來台、獲得二〇一一年諾貝爾化學獎的以色列科學家謝茲曼（Dan Shechtman），在公開演講中，一再強調教育是必須從幼兒開始、到大專學生和成人的終身學習。在二〇一八年十一月十六日科技部陳良基部長的晚宴中，他熱情洋溢地邀請在座賓客把玩動手做科學的日常生活遊戲。童心未泯的互動言行，是他推動兒童科學基礎教育之魅力所在。

三十幾年前，謝茲曼衝破難關，在以色列理工學院開設全國第一堂技術創業課程，塑造平台讓學生發現新的可能性，希望畢業後，可以為自己和別人創造工作機會。至今已有一萬多名學生上過這門課，許多人已成為以色列業界巨擘。

二〇一八年十月二日至九日，中山大學校長鄭英耀領導的訪問團前往以色列，除了了解以色列大學如何成功地技術轉移，也希望了解以色列如何從小開始培養未來的謝茲曼、創業家，以及富同理心、服務社會的領袖。

我們首先訪問了共有兩千多位資優生的「綠色村莊學校」（Hakfar Hayarok）。抵校後，我們在一間教室和師生對話。那間教室的牆上，掛著一九二二年諾貝爾物理獎得主猶太裔丹麥籍學者玻爾（Niels Bohr）的照片，我問在場師生，諾貝爾獎和猶太後裔，哪個才是激勵他們的典範？當然兩者

都是！

隨後我們觀摩一堂領導課程，課程目的是讓學生透過體驗學習，了解領導的權力基礎。簡單的遊戲之後，老師邀請學生表達領導者如何說服別人，完成他自己或團隊的任務。學生的答案符合老師詮釋的社會心理學理論，但用詞不同，老師不以「標準答案，即用詞」來回應學生。

這些未來的領袖也需要參與社會服務和培養創業精神，學生要安排時間照顧學校裡的農場；午餐時的服務人員也都是學生，他們每週都到社會機構服務弱勢。在回答我的問題時，他們的反應就好像「服務是理所當然，本該如此」。

正在努力培養各種人才的台灣，的確需要從幼兒園至高等教育，一氣呵成地形塑終身學習的「創新教育・教育創新」之機制。以色列的資優和人才培育政策與實踐，值得我們借鏡。

70 產、官、學、民的串連與擺渡——萬物糧倉・大地慶典

地方的發展，從串連開始。二〇一六年，我受于國華老師邀請，前往花蓮縣富里鄉羅山村，參加他開設的「藝術經紀與文化策展」課程。于國華帶著北藝大藝術行政與管理研究所的同學們，住在羅山村一星期，盤點在地的人、文、地、產、景，同學們向在地學習，再提出基於在地內容的企畫案。

剛好那時，行政院水土保持局台東分局的王志輝分局長（二〇二〇年開始擔任台東縣副縣長），想在花東縱谷地區也辦理類似日本大地藝術季的慶典。雖然強調「里山精神」的概念相同，但不能直接複製，而是要調整成適合台灣的方式。那次會面，各路人馬帶著自己的知識與經驗，就地方發展、藝術節慶概念討論，是一切的開端。

二〇一七年六月底，在當時的農委會林聰賢主委於羅東林場舉辦的主管共識營中，中華管理發展基金會執行長、也是易遊網董事長陳甫彥先生，和花蓮農改場范美玲場長允諾承辦下，共識營於花蓮農改場正式舉辦，邀集了花東的社區幹部、學校老師、產業界，人士、政府官員共六十名，以４Ｄ肯定式探詢（Discover、Dream、Design、Deliver）來做串連，大家一起進行集思廣益、團隊共創。每個人從自己的角度與觀點出發，拋出花東縱谷的特色。這是第一次的花東地方盤點，也從這裡開始，

往地方創生邁進，連結縱谷各地，尋找社區與產業人才，把分散的各點串在一起。

有一次，我跟著陳甫彥領導的團隊一起走訪花東。一路從鳳林、光復、池上，到了鹿野，認識許多地方朋友。像是鹿野本身經營雁窩民宿，又另外開饗嚮整合行銷有限公司的釧南雁，透過深度體驗串連在地小農，本來是護理師的她，只需要好好經管民宿就能獲利，卻希望和小農一起努力。我們去「阿山哥無毒小棧」，體驗採茶與揉茶；認識「共農共食」，一群從北部移居到鹿野的年輕人，採摘洛神花並體驗去籽，他們相信鄉村有更好的生活模式。當然也少不了去田媽媽料理「傅姐風味餐」，品嚐傅錦英的好手藝。晚上參加「山谷裡的一家人」的體驗，大家一起動手做柴燒晚餐，找回城市人常遺忘的共餐時光。花東的美麗不可一般。

在王志輝這位「煮石頭湯」的雞婆公務員和各方人士努力下，二〇一八年「萬物糧倉．大地慶典」正式舉辦。花東縱谷本身就具備極佳條件，大地上的人、事、地、物、景，花草植物，以農以海，都有相當吸引人的魅力。

我很喜歡舉池上萬安錦園洗衣亭為例，透過裝置藝術作為媒介，看待棲居在這片土地上的人的生活方式。德國藝術家梅耶（Jens Meyer）以布料、紡織物作為創作素材，打造作品「洗滌的殿堂」，希望來訪旅客能靜下心傾聽流水，觀看光影的變化。這些都是現代人少有的經驗，也讓我回想起兒時看媽媽和鄰婦一邊洗衣服一邊「正向八卦」的場景。藝術節慶創造了儀式感，也創造機會和平台讓地方發展，站在台東的優勢上加以發揮。

一九七六年威尼斯北部發生一場大地震後，旅遊營銷專家、義大利國家分散式旅館學會主席德勒

拉（Giancarlo Dall'Ara）提出「分散式旅館」（Alberghi Diffusi, dispersed hotel／scattered hotel）的概念，在落寞小鎮運用廢棄空屋打造住宿設施，將傳統旅館的各項功能分散於小鎮各地。人的彈性與創造力，常常在面對自然與社會變遷後，發揮得淋漓盡致。花東縱谷有同樣的優點與精神，雖然人口流失嚴重，但相當適合慢活。

其實花東和其他地方的產、官、學、民早已自主地演化分散式旅遊。我期望所有返鄉或移居鄉村的人，都能發揮自己的才能，謝天謝地，在花東縱谷安身立命，更安居樂業。也期望來訪的旅人，不是匆忙奔走的旅行，而是定點分散的遊歷縱谷，創造另一種樂活典範。

創造力的激發
吳靜吉的七十堂創造力短講

作　　者　吳靜吉
總監暨總編輯　林馨琴
文字編輯　楊伊琳、黃怡瑗
編輯協力　黃于娟、吳郢祁
行銷企畫　趙揚光
封面設計　陳文德
內頁設計　賴維明

—

發 行 人　王榮文
出版發行　遠流出版事業股份有限公司
地　　址　臺北市南昌路 2 段 81 號 6 樓
客服電話　02-2392-6899
傳　　真　02-2392-6658
郵　　撥　0189456-1
著作權顧問　蕭雄淋 律師

—

2020 年 08 月 01 日　初版一刷
2020 年 12 月 16 日　初版三刷
新台幣 400 元（如有缺頁或破損，請寄回更換）

—

ISBN　978--957-32-8835-0

—

遠流博識網　http://www.ylib.com/
E-mail　ylib@ylib.com

創造力的激發：吳靜吉的七十堂創造力短講 / 吳靜吉著 . -- 初版 . -- 臺北市：遠流，2020.08
面；　公分
ISBN 978-957-32-8835-0(平裝)

1. 創造力 2. 創造性思考

176.4　　109009431

國家圖書館出版品預行編目（CIP）資料